W. Dörner / O. Kurbjuweit / J. Steimecke

Harzer Schmalspur-spezialitäten

Hochbauten, Fahrzeuge, Steinbrüche, Stellwerke, Signale, Betrieb

Reihe Archiv und Modellbau Bd.2
ISBN 3-936923-01-9

Sonderausgabe der Zeitschrift

Mittelpuffer - Schmalspurbahn-Magazin

Herausgeber Otto O. Kurbjuweit

FERROOK-Aril

Lektorat Herbert Fackeldey. Druck: Harzdruckerei, D-38855 Wernigerode. Printed in Germany. © 2004 by FERROOK-ARIL Verlag Otto O. Kurbjuweit, Horster Straße 170, D-59075 Hamm. Alle nicht besonders bezeichneten Grafiken sind von Otto O. Kurbjuweit. Alle Rechte vorbehalten. Jedwede Vervielfältigung, in welchem Verfahren auch immer, ist nur mit ausdrücklicher schriftlicher Genehmigung des Herausgebers/Verlages statthaft, ebenso die kommerzielle Verwertung der Grafiken zur Herstellung von Modellen, auch in Klein- und Kleinstserien. Private Modellbauer dürfen jedoch die Pläne zum Zwecke ihres persönlichen Modellbaus kopieren und verwerten.

Titelbild: Am 21.5. 2004 hat der Freundeskreis Selketalbahn einen Sonderzug mit beiden C-Kupplern 99 6101 und 99 6102 bestellt. Foto: OOK.

Inhalt

	O. Kurbjuweit (Hrsg.) **Meine Harzer Schmalspur-Faszination**	6
	Schmalspur-Vielfalt Harz Über die Konzeption dieses Buches	8
I	**Schlüsselerlebnisse für Drahtzieher** Historische Stellwerkstechnik bei der Harzquerbahn (Eisfelder Talmühle u.a.)	10
II	**Bahnhistorie unterm Tennisplatz** „Ausgrabungen" bei der Station Wiedaerhütte der Südharzbahn	18
III	**Elektrisch über den Berg und am Seil zu Tal** Die Granitbrüche auf den Hippeln bei Wernigerode und der Steintransport	28
IV	**Ein Häuschen steht im Walde ganz still und stumm …** Bahnhof Stöberhai der Südharzbahn	34
V	**Der alte Knacker vom Wurmberg** Steinbruch, Glashütte und drei Sägewerke: die Wurmbergstrecke der SHE	44
VI	**Zwei Brocken auf dem Brocken** Die schwersten Malletlokomotiven der Nordhausen-Wernigeroder Eisenbahn	52
VII	**Ein Kleinod für den Bahnmeister** Die Bahnmeisterhütte von Alexisbad	59
VIII	**Herr Bachstein läßt einen Triebwagen basteln** Der legendäre T 02 der Südharzbahn	62
IX	**Eine vorwendisch heile Stätte** Hp Albrechtshaus an der Selketalbahn	70
X	**Hauptsache genug Schotter** Die Selbstentladewagen der Südharzbahn und ein geretteter Abkömmling bei der Harzquerbahn	72
XI	**Granitbrocken aus Brockengranit** Die Steinbrüche Knaupsholz und am Königsberg	78
XII	**Wollnwer 'ne reinlassen?** Zugkreuzungen in Kaiserweg	84
XIII	**Echtes Harzwasser für durstige Loks** Die alten Wassersaugstellen für Pulsometer	88
XIV	**Ein Elender Schuppen** Der Güterschuppen von Elend an der Harzquerbahn	90

Der mittlere Harz

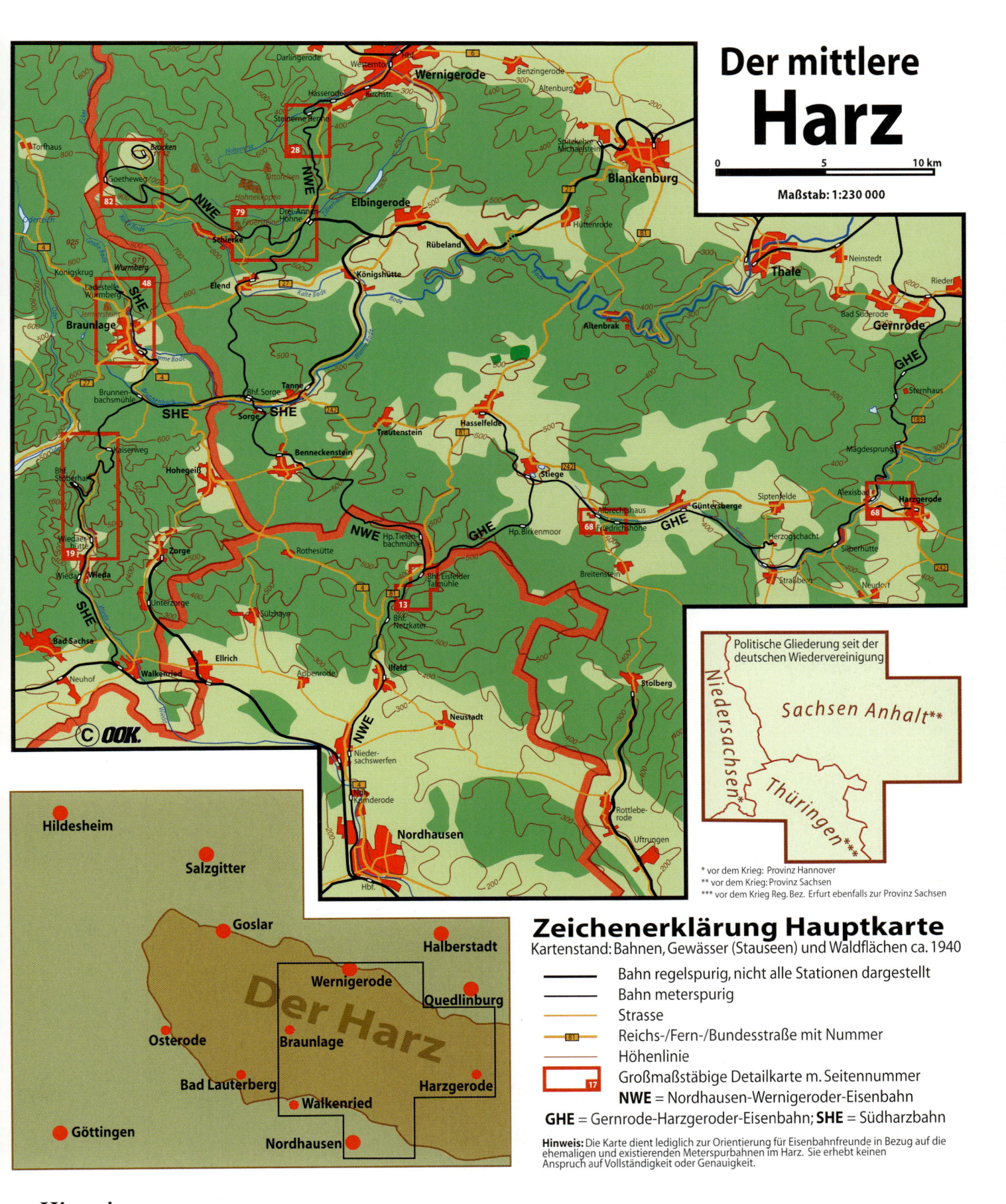

0 5 10 km

Maßstab: 1:230 000

Politische Gliederung seit der deutschen Wiedervereinigung

Niedersachsen | Sachsen Anhalt** | Thüringen***

* vor dem Krieg: Provinz Hannover
** vor dem Krieg: Provinz Sachsen
*** vor dem Krieg Reg. Bez. Erfurt ebenfalls zur Provinz Sachsen

Zeichenerklärung Hauptkarte
Kartenstand: Bahnen, Gewässer (Stauseen) und Waldflächen ca. 1940

- Bahn regelspurig, nicht alle Stationen dargestellt
- Bahn meterspurig
- Strasse
- Reichs-/Fern-/Bundesstraße mit Nummer
- Höhenlinie
- Großmaßstäbige Detailkarte m. Seitennummer

NWE = Nordhausen-Wernigeroder-Eisenbahn
GHE = Gernrode-Harzgeroder-Eisenbahn; **SHE** = Südharzbahn

Hinweis: Die Karte dient lediglich zur Orientierung für Eisenbahnfreunde in Bezug auf die ehemaligen und existierenden Meterspurbahnen im Harz. Sie erhebt keinen Anspruch auf Vollständigkeit oder Genauigkeit.

Hinweis:
Das Buch ist mit größter Sorgfalt recherchiert und redigiert worden. Dennoch erhebt es weder Anspruch auf Vollständigkeit noch auf Fehlerfreiheit. Aus dem Erwerb und der Lektüre des Buches sowie der Verwertung der darin enthaltenen Informationen können keinerlei Ansprüche gegen die Autoren, den Herausgeber und/oder den Verlag geltend gemacht werden. Jede Haftung ist ausgeschlossen.

Harzer Schmalspur-Spezialitäten

Otto O. Kurbjuweit (Hrsg.)

Meine Harzer Schmalspur-Faszination

Zwar bin ich kein echter Harzer - eingeschult wurde ich im Thüringer Wald - habe aber die entscheidenden Jahre meiner Jugend im (West-) Harz verbracht: das zwölfte und dreizehnte Lebensjahr in Osterode, vom vierzehnten Jahr bis zum Beginn des Studiums in Bad Lauterberg.

Das bedeutete auch den Kontakt mit drei oder in gewissem Sinn auch vier Schmalspurbahnen. Da war als erste die Kreisbahn Osterode (Harz) - Kreiensen, mit der viele meiner Klassenkameraden jeden Morgen zur Schule kamen, von Förste, Westerhof und Kalefeld. Ein einziges Mal habe ich sie selber benutzt, als ich von einem Klassenkameraden aus Kalefeld zum Geburtstag eingeladen war. Natürlich verbrachte ich die ganze Fahrt - 70 Minuten für vierundzwanzig Kilometer - auf der offenen Plattform des niedrigen Vierachsers, ein beeindruckendes und formendes Erlebnis für den Dreizehnjährigen.

Als wir nach Bad Lauterberg zogen, traf ich auf die Grubenbahn der Barytbergwerke, die, wie die Osteroder Kreisbahn, 75cm-spurig war. Aber anders als jene, die mein junges Leben nur punktuell berührte, war die Barytbahn Alltag: sie war von unserem Hause in der Lauterberger Hauptstraße aus zu hören, und in wenigen Minuten mit dem Fahrrad war ich an der Waage, wo jeder Wagen der mit Schwerspat beladenen Erzzüge einzeln gewogen wurde. Mein ständiges Herumlungern am Bahngelände führte dazu, vom Lokpersonal zur Mitfahrt eingeladen zu werden, obwohl das, wie überall zu lesen stand, streng verboten war. So musste ich mit dem Fahrrad etwa einen Kilometer weit dem Zug ins Luttertal voraus fahren, um dort an einem Bahnübergang aufzuspringen. Und dann ging es mit voll geöffnetem Regler, weit ausgelegter Steuerung und donnerndem Auspuffschlag die Steigung zu den Bergwerken hinauf.

Die dritte Schmalspurbahn war die Südharzbahn, die ich bei einem Ausflug nach Braunlage entdeckte, als ich gerade achtzehn geworden war und meinen ersten Fotoapparat geschenkt bekommen hatte. Und die war meterspurig. Sie sollte mein Leben wesentlich mehr bestimmen, als die beiden 75cm-Bahnen.

Ein französischer Romantiker hätte es den *coup de foudre* genannt, was mir da geschah. Im Klartext: ich war hin und weg. Da war dieser mächtige Fünfkuppler mit dem hohen Kessel, der mit einer Reihe aufgebockter Wagen überhaupt keine Mühe hatte. Und da war auch dieser lange weinrote Triebwagen mit erster und zweiter Klasse und Gepäckabteil, der mit seinem TA einen elegant wirkenden Zug bildete. Und der ganze Bahnhof Braunlage voller alter Schmalspur-Güterwagen.

Die vierte Bahn war eher virtuell: die legendäre Harzquerbahn. Virtuell? Legendär? Die Harzquerbahn lag für mich hinter dem „Eisernen Vorhang", wie man damals die undurchdringliche Grenze zwischen beiden deutschen Staaten nannte. Am Ortsrand von Hohegeiß befand sich ein Aussichtspunkt, wo man hinüber schauen konnte in die Hochebene südlich von Benneckenstein, die die Harzquerbahn mit einer weit geschwungenen Kurve durchzieht.

Als Achtzehnjähriger ohne eigenes Auto hatte ich nur wenige Gelegenheiten dorthin zu kommen, mit Eltern, die nicht die Geduld hatten, einem Harzquerbahnzug, dessen Fahrzeiten man nicht kannte, aufzulauern. Und doch habe ich einmal dort in der Ferne den Zug mit einer langen Rauchfahne entlang fahren sehen. Aber viel wurde erzählt von jener Bahn, die den ganzen Harz von Nord bis Süd durchquert, mit langen schweren Zügen, die viele unterschiedliche Dampflokotiven hat, sogar sogenannte Mallets, einen Loktyp, den ich nur aus amerikanischen Eisenbahnzeitschriften kannte. Aber konkrete Unterlagen gab es nicht, nur Legenden.

Fünfzehn Jahre später wurde die Legende Wirklichkeit. Im März 1974 - da wohnte ich schon lange nicht mehr im Harz - feierte die Harzquerbahn ihr fünfundsiebzigjähriges Bestehen. Und ich bekam durch Vermittlung eines Freundes eine fingierte Einladung und damit eine „Einreise" in den Arbeiter- und Bauernstaat.

Bewertungen der DDR, ernst gemeinte und ironische, gibt es viele, ich kann nur sagen: für den Schmalspurfreund war sie ein Paradies: im Ostharz tummelten sich 1'E1'-Neubauloks und B'B-Mallets zu Hauf, etwas, was im Westen nicht einmal auf Museumsbahnen zu finden war. Fasziniert stand ich in Alexisbad zwischen drei qualmenden Mallets, hingerissen fuhr ich auf der ersten Plattform hinter der Lok die steile Strecke von Wernigerode nach Drei-Annen-Hohne hinauf, einmal, zweimal, dreimal, Schmalspur-Genuss ohne Ende.

Die Überreste der SHE-Überführung am Bahnhof Sorge konnte ich damals nicht fotografieren, denn der Abschnitt der Harzquerbahn zwischen Drei-Annen-Hohne und Benneckenstein lag seit dem August 1961 im Sperrgebiet, da ließ man die Kamera besser im Rucksack, wenn man sie wieder mit heim nehmen wollte.

Der Herausgeber, dreißig Jahre jünger, fotografiert die Ausfahrt aus Eisfelder Talmühle. Foto: Peter Weinandt

Von dieser Reise zehrte ich lange, und müsste es wohl heute noch, wäre da nicht die Wende gekommen, die zur Öffnung der Grenze zwischen den beiden deutschen Staaten und zur Wiedervereinigung führte. Jemandem, der in der Jugend nur wenige Kilometer vom Grenzzaun entfernt gelebt hat, egal auf welcher Seite, und seine Wurzeln auf der anderen Seite hat, bedeutete und bedeutet diese Heilung der deutschen Wunde viel, vor allen Dingen, wenn er der Faszination *Harzer* Schmalspur erlegen ist. Dann wird er jede Gelegenheit nutzen, in den Ostharz zu reisen, mit dem täglichen Dampfzug auf den Brocken zu fahren oder an einer der zahlreichen Sonderfahrten teilzunehmen, die rund ums Jahr angeboten werden.

Dabei sind die Harzer Schmalspurbahnen nach der Wende haarscharf am Untergang vorbei gegangen. Beispielsweise wurde der erst kurz vorher eingeführte Kohleverkehr von Nordhausen nach Silberhütte sofort eingestellt - und die Reisezüge brauchte zum Reisen auch fast niemand mehr. Dass die Brockenbahn ein touristischer und geschäftlicher Hit werden könnte, hatte man sogleich erkannt, den ganzen Rest wollte man jedoch möglichst schnell los werden.

Dass es anders kam, liegt zum einen an der Weitsicht des Landes Sachsen-Anhalt, aber auch an der Initiative der Vereine Interessengemeinschaft Harzer Schmalspurbahnen und Freundeskreis Selketalbahn. Blitzschnell hatten sich nämlich Eisenbahner und Bahnfans formiert, die für den Erhalt des gesamten verbliebenen Meterspurnetzes kämpften. Dies nicht nur, indem sie Forderungen erhoben, sondern auch durch Initiative und eigene Arbeit.

Die Brockenstrecke ist tatsächlich der große Erfolg geworden, den man sich erhofft hatte und muss das schwächelnde Restnetz mitfinanzieren. Speziell die Selketalbahn, wiewohl landschaftlich und eisenbahntechnisch kaum weniger reizvoll als diese, findet bei den Touristen nicht den Widerhall, den sie verdient hätte und den sie braucht.

Doch zurück zu meiner persönlichen „Faszination Harzer Schmalspur". Die hat alle andere Beschäftigung mit Eisenbahn und Schmalspur, auch das Engagement für zwei Museumsbahnen, überdauert. Im Harz findet man mich zwar nicht so oft, wie ich es gern hätte, aber immer noch häufig, meine Forschungen zur Geschichte der Harzer Schmalspurbahnen habe ich intensiviert.

Ich bin aber auch Modelleisenbahner, einer, der wie die meisten, als Junge mit Märklin H0 angefangen hat. Aber schon in den Sechzigerjahren hat es einen Versuch gegeben, Harzer Schmalspur in 1:87 nachzubauen. Nach Studium, Familiengründung und Berufsanfang brachte die neu erschienene LGB eine Wiederbegegnung mit der Schmalspur im Modell, aber erst Mitte der Achtzigerjahre fand ich die definitive Ausformung meines Hobbys: Harzer Schmalspur im Maßstab 1:45. Zuerst unter der Ägide des Freundeskreises Europäischer Modellbahner (FREMO), später unter der des FKSB (Freundeskreis Schmalspurbahn) war es möglich, in einem griffigen Maßstab, in dem es jedoch so gut wie nichts zu kaufen gab, das entstehen zu lassen, was ich wirklich wollte: Harzer Schmalspur. Das Schicksal ließ mich ein Haus finden, in dem Platz für eine ausreichend große Anlage war, die sogenannte Braunlage - Andreasberger - Eisenbahn (BAE). Zehn Jahre lang wurde an ihr gebaut und auf ihr Fahrplanbetrieb gemacht, beides mit einem halben Dutzend treuer Freunde, die sich mitreißen ließen und lassen.

Seit kurzem ist die schöne Anlage* Geschichte. Familiäre Gründe zwingen zur Aufgabe des erwähnten Hauses. Doch wieder hat das Schicksal ein Einsehen, und am neuen Platz wird es noch mehr Raum für eine neue BAE geben.

Das schmale Büchlein, das Sie in der Hand halten, ist ein Versuch, meine stets gewachsene *Faszination Harzer Schmalspur* einem größeren Publikum sichtbar zu machen, in der Hoffnung, dass sie ansteckend sein möge. Es soll auch ein Aufruf sein, hinzufahren, selber zu schauen, mitzufahren, vielleicht sogar bei den genannten Vereinen mitzutun.

*Großer Bildbericht in Mittelpuffer Nr. 38 (s. Anzeige S.97)

Schmalspurvielfalt Harz
Über die Konzeption dieses Buches

Der Begriff „Harzer Schmalspurbahnen"(HSB) ist heute eine Firmenbezeichnung, nämlich die der Gesellschaft, die gebildet wurde, um die Harzquer- und Brockenbahn und die Selketalbahn nach der Wende aus der Deutschen Reichsbahn herauszulösen und sie privatwirtschaftlich weiter zu betreiben.

Diese Anthologie ist jedoch weitgehend historisch angelegt, so dass mit Harzer Schmalspurbahnen mehr gemeint ist, als die heute noch in Betrieb stehenden Meterspurstrecken. Reden wir also lieber von den Schmalspurbahnen des Harzes, zu denen dann natürlich auch - der Name sagt es schon - die Südharzbahn gehört, die mit den beiden anderen genannten Meterspurbahnen ein Netz bildete. Die Übersichtskarte auf Seite 5 ist auf die Darstellung dieses Netzes abgestimmt.

Nicht vergessen werden dürfen die Lauterberger Barytbahn sowie die Kreisbahn Osterode (Harz) - Kreiensen (beide 750mm-Spur). Und wenn man das Mansfelder Land noch zum Unterharz rechnet, was nicht ganz falsch ist, dann gehört auch das einst riesige Netz der ebenfalls 750mm-spurigen Mansfelder Bergwerksbahn dazu.

Doch damit nicht genug. Im und am Harz existierten etliche kleinere Gruben- und Werksbahnen unterschiedlicher Spurweite: in Niedersachswerfen (600 und 750mm), in Neudorf-Silberhütte (750mm), am Rammelsberg in Goslar und bei den Bleihütten Clausthal und in Oker (allesamt 600mm-Spur), am Ottiliaeschacht in Clausthal (760mm), in Bad Grund (580 und 750mm), in Münchehof (900mm) und in Osterode (750mm). Ein Buch, das alle diese Bahnen ausführlich darstellen wollte, wäre gewiss fünfhundert Seiten stark.

Angesichts der Tatsache, dass über die drei Harzer Meterspurbahnen schon zu DDR-Zeiten die soliden Monographien von Röper/Zieglgänsberger erschienen sind und dass erst kürzlich die umfassende Darstellung aller Fahrzeuge dieser Bahnen bei Schweers + Wall herausgekommen ist, würde ein neuerlicher Versuch, systematisch diese Bahnen in allen Aspekten abzuarbeiten wenig sinnvoll sein.

Die Redaktion der Zeitschrift Mittelpuffer, in der auch diese Anthologie entstanden ist, hat eine andere Herangehensweise. Unter Verzicht auf Vollständigkeit und Systematik, die ja Grundlage der oben genannten Arbeiten ist, geht sie quasi mit der Lupe an einzelne Objekte, Themen oder Aspekte heran, um diese in möglichst vielen Einzelheiten darzustellen, gründlicher und detaillierter, als das die genannten Monographien schon vom Umfang her leisten könnten.

Dabei kann es sich die Redaktion erlauben, sogar Themen aufzugreifen, die sie selber schon in den Regelausgaben des Mittelpuffer bearbeitet hat, wenn sich nämlich die Datenlage seit dem Erscheinen des betreffenden Heftes entscheidend verbessert hat, also neue Fotos, Dokumente und/oder Karten aufgetaucht sind. Das ist etwa beim Stellwerk von Eisfelder Talmühle der Fall, das schon in Mittelpuffer 18 (I/99) abgehandelt worden ist.

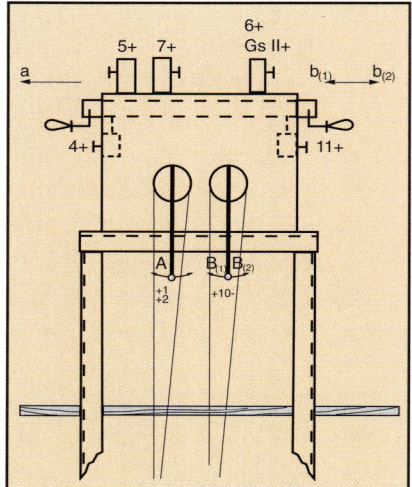

Seinerzeit konnte nur vage angedeutet werden, wie das Stellwerk denn funktionierte, wie die Fahrstraßen gesichert wurden etc. Heute können nicht nur wesentlich exaktere Computergraphiken des Gebäudes und des Kurbelwerkes gezeigt werden, es gibt auch „neue" historische Fotos, einen maßstäblichen Gleisplan, eine Facsimile-Darstellung des Schlüsselbrettes und des Verschlussplanes, und schließlich konnten nun sogar die zugehörigen Signale in höchst genauer auf Originalunterlagen beruhender Computergraphik dargestellt werden.

Typischer für die Arbeit der Redaktion ist es jedoch, sich Themen zu widmen, die noch niemand je aufgegriffen hat, obwohl sie schon immer da waren. Hierzu zählt der Bahnhof Wiedaerhütte der Südharzbahn. Natürlich ist er in allen Abhandlungen und Monographien über die SHE erwähnt, teilweise auch mit historischen Fotos illustriert, doch wirklich detailliert und komplett dargestellt wurde er noch nie. Das könnte daran liegen, dass das ehemalige Hütten- und Bahnhofsareal so komplett überformt wurde (Anlage von Freizeit- und Sportstätten), dass selbst jüngere Einheimische nicht wissen, dass es da mal eine Station Wiedaerhütte gab. Dass nun ausgerechnet die Mittelpuffer-Redaktion hier „Ausgrabungen" macht, liegt am Zusammenspiel mehrerer Zufälle. Schon vor Jahrzehnten fiel OOK ein 1:500-Plan des Bahnhofes in die Hände sowie ein Anordnungsplan aller Gebäude der Hütte. Vor relativ kurzer Zeit hingegen wurde er mit einem pensionierten SHE-Bahner bekannt, dessen Vater Bahnhofsvorsteher von Wiedaerhütte gewesen war und der selber im Bahnhofsgebäude gewohnt hat. Eher untypisch für Eisenbahner hat er das kleine aber komplexe Gebäude vermessen und Skizzen auf Millimeterpapier angefertigt, um ein Modell im Maßstab 1:87 davon zu bauen.

Auf der Basis dieser Skizzen, mit der Lupe auf alten Fotos nach Details suchend, entstanden auf dem Bildschirm die ab Seite 23 abgedruckten farbigen Zeichnungen. Apropos Farbe: es gibt keine Farbfotos des Stationsgebäudes von Wiedaerhütte, zumindest konnte die Redaktion keine auftreiben. Insofern basieren die Farben auf der Erinnerung und sind teilweise Interpretation.

Den Fahrzeugen haben die Buchautoren schon von jeher mehr Aufmerksamkeit gewidmet, doch sind Zeichnungen meist in kleinen Maßstäben (1:100 oder 1:87) wiedergegeben worden. Auch hier haben die Mitarbeiter versucht, einzelne Objekte besonders detailliert und farbig darzustellen und natürlich in einem größeren Maßstab als üblich. Der Maßstab 1:45 hat den Vorteil, dass die Zeichnungen durch Verdoppeln der Größe für Spur IIm (1:22,5) zu verwenden sind.

Eine weitere Spezialität der Mittelpuffer-Redaktion sind Karten. Das hat etwas mit der Auffassung von Eisenbahnforschung und Dokumentation zu tun. Ohne exakte Darstellung der geografischen Gegebenheiten ist eine Dokumentation von Objekten auf der Erdoberfläche Stückwerk. Grafische Darstellungen beispielsweise des Harzer Meterspurnetzes hat man zumindest seit der Wende einige gesehen, von unterschiedlicher Qualität. Unsere Übersichtskarte auf Seite 5 fügt eine weitere Variante hinzu, erhebt aber nicht nur den Anspruch, genauer, vollständiger und detaillierter zu sein als die bisherigen, sondern setzt die Meterspurstrecken in den sachlichen Kontext der sie verbindenden Regelspurbahnen und der politischen Grenzen sowie in den eher ästhetischen Kontext der Darstellung von Besiedlung und Bewaldung, bei einem Waldgebirge gewiss nicht ganz abwegig. Gleichzeitig dient diese Karte zur Situierung der zahlreichen Detailkarten, die - zumeist im Meßtischblattmaßstab 1:25000 - die räumliche Einordnung und sachliche Zuordnung des Hauptobjektes eines Kapitels ermöglichen.

Augenfälliges Merkmal von Mittelpuffer-Detailkarten sind die eingezeichneten Höhenlinien. Dem Laien geben sie die Möglichkeit, die Höhenlage bestimmter Stellen festzustellen. Dem geschulten Auge erlauben sie Rückschlüsse auf die Geländeform - gerade im Gebirge wichtig und nützlich - und auf die Neigungen, entsteht doch aus der Führung der Bahntrasse im Verhältnis zu den Höhenlinien und der Häufigkeit, wie sie sie schneidet, eine Vorstellung von der Steilheit der Strecke.

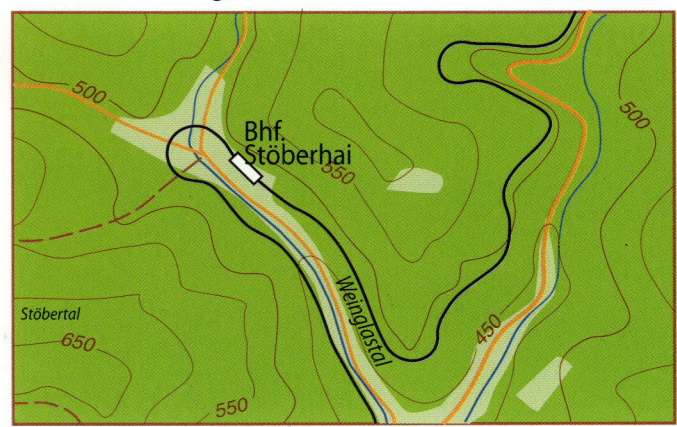

Natürlich begibt sich die Redaktion hier auf einen riskanten Pfad: wollen es die Eisenbahnfreunde und Modellbahner denn so genau überhaupt wissen? Nun, das ist eine Frage, die sich Forscher - und als solche sehen sich die Redakteure und freien Mitarbeiter - konsequenterweise nie stellen. Forschung hat etwas Eigendynamisches und jeder neue Fund, jede neue Erkenntnis wirkt als Stimulans, noch weiter zu „graben", noch mehr zu Tage zu fördern. Der Erfolg davon ist, dass bisher die Datenlage von mehr Objekten beziehungsweise Themen druckwert entwickelt ist, als in einem Hundertseitenbändchen Platz haben. Nachholbedarf besteht lediglich beim Thema Selketalbahn, wo erst noch neues interessantes Material zu Tage gefördert werden muss. Insofern ist die Herausgabe weiterer Bände mit Harzer Schmalspurspezialitäten schon vorprogrammiert, vorausgesetzt, es erweist sich, dass es tatsächlich ein Interesse an dieser Art von Dokumentationsdichte gibt. Das wird sich sicher bald zeigen.

Otto O. Kurbjuweit, Hrsg.

Kap. I
Schlüsselerlebnisse für Drahtzieher
Historische Stellwerkstechnik bei der Harzquerbahn

Abb. 1: Ein Prachtfoto des Bahnhofes Eisfelder Talmühle, vermutlich in den Zwanzigerjahren des vorigen Jahrhunderts. Im Vordergrund rangiert eine Lok der Gernrode-Harzgeroder-Eisenbahn, während dahinter eine Maschine der Nordhausen-Wernigeroder-Eisenbahn zu sehen ist. Was aber hier interessiert, ist etwas ganz anderes: das winzige Bretterhäuschen, das zwischen Empfangsgebäude und GHE-Lok hervorlugt. Es handelt sich nämlich um das Stellwerk dieses großen Gemeinschaftsbahnhofes. Foto: Slg Steimecke

Auch wenn ihre Lokomotiven dampfbetriebene Läutewerke haben, so war die Harzquerbahn doch nie das, was man unter einer Bimmelbahn versteht. Als einzige Harztransversale hat sie - zumindest vor dem Kriege - eindeutig Hauptbahncharakter gehabt, mit umfangreichem Güter- und Personenverkehr, dichter Zugfolge, Wagenübergang zu zwei anderen Schmalspurbahnen und sogar Kurswagenverkehr.

Um einen zweigleisigen Ausbau zu rechtfertigen, war der Verkehr nun wieder nicht umfangreich genug. Aber die steigende Zugdichte erzwang die Einrichtung immer weiterer Kreuzungsstationen, was jedoch zugleich Sicherungsprobleme aufwarf, denn eine dichte Belegung einer eingleisigen Strecke mit gegenläufigen Zügen stellt ein hohes Gefahrenmoment dar.

Deshalb ging die Nordhausen-Wernigeroder-Eisenbahn bald dazu über, die Kreuzungsstationen mit Einfahrsignalen auszustatten. Ausfahrsignale waren weniger dringend, denn alle Züge durften sowieso nur auf den vom Fahrdienstleiter persönlich mit dem Befehlsstab gegebenen Abfahrauftrag hin ausfahren.

Signale müssen gestellt werden, „gezogen", wie es in der Fachsprache heißt, und das von ferne. Von den Stelleinrichtungen im oder vor dem Empfangsgebäude führten doppelte Drahtzugleitungen zu den weit vor den Einfahrweichen stehenden Signalen. Aber damit hat es nicht sein Bewenden. Wenn nämlich ein Signal dem Triebfahrzeugführer „Fahrt frei" anzeigt, dann muss er auch sicher sein können, dass die Weichen so gestellt sind, dass er keinen falschen Fahrweg einschlagen kann. Bei größeren Stationen - etwa Drei-Annen-Hohne - wurden daher die fahrwegrelevanten Weichen auf mittels Drahtzug fernbediente Verriegelung umgebaut und entsprechend große Stellwerke eingerichtet.

Maßstab 1:45*

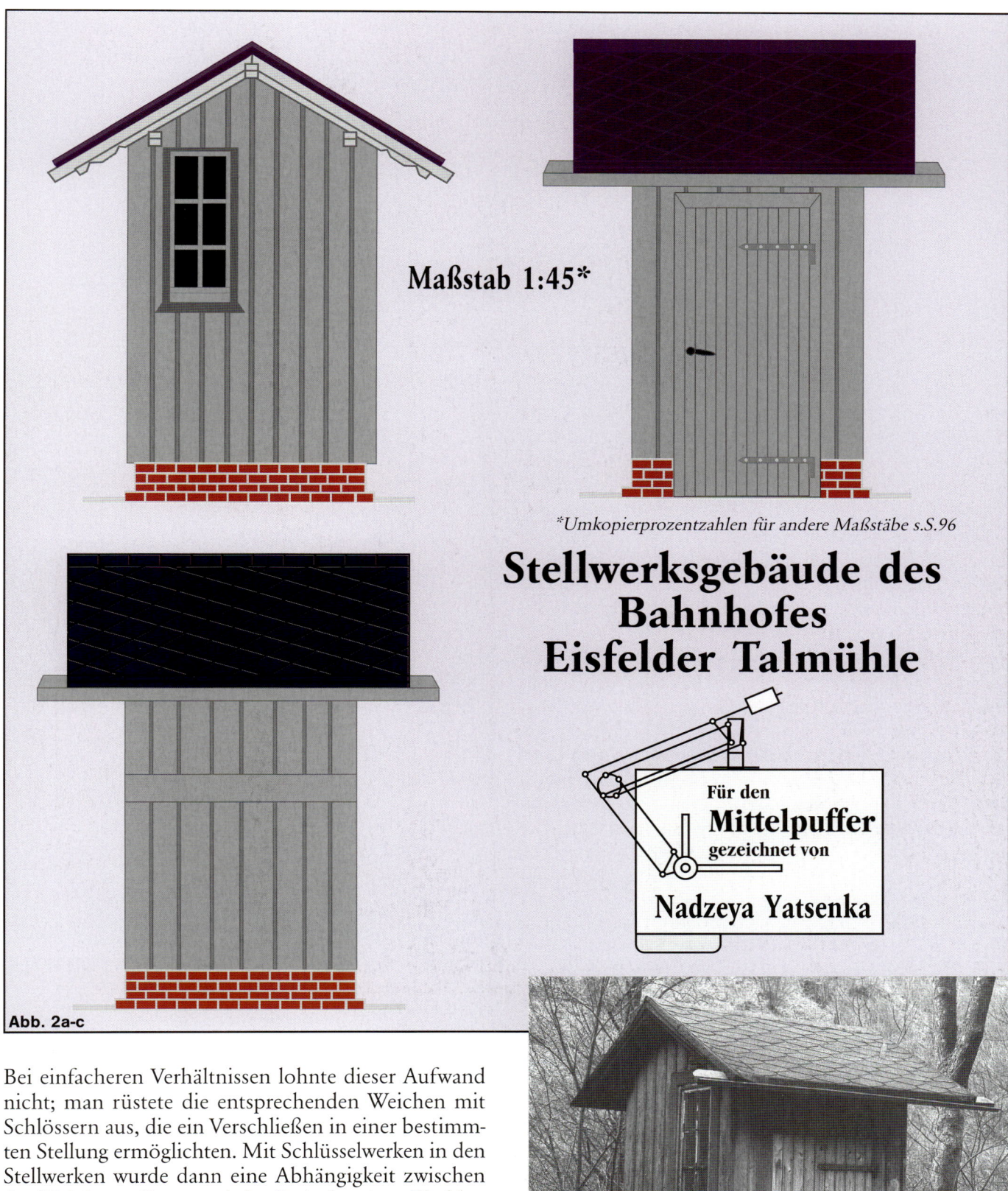

*Umkopierprozentzahlen für andere Maßstäbe s.S.96

Stellwerksgebäude des Bahnhofes Eisfelder Talmühle

Für den **Mittelpuffer** gezeichnet von **Nadzeya Yatsenka**

Abb. 2a-c

Bei einfacheren Verhältnissen lohnte dieser Aufwand nicht; man rüstete die entsprechenden Weichen mit Schlössern aus, die ein Verschließen in einer bestimmten Stellung ermöglichten. Mit Schlüsselwerken in den Stellwerken wurde dann eine Abhängigkeit zwischen der Weichenstellung und der Freigabe einer Einfahrt sichergestellt. Mehr dazu weiter unten.

Heutzutage gibt es auch bei den Harzer Schmalspurbahnen Lichtsignale, die teilweise sogar per Funk ferngesteuert werden. Die alte Stellwerkstechnik hat ausgedient, ist aber an vielen Stellen noch vorhanden, wenn auch nicht mehr funktionsfähig.

Abb. 3: Wieviele Tausende von Eisenbahnfreunden mögen an diesem Häuschen vorbeigerannt sein und nicht bemerkt haben, dass es ein Stellwerk ist!? Foto: OOK

Harzer Schmalspur-Spezialitäten

Bahnhof Eisfelder Talmühle
Maßstab 1: 2000

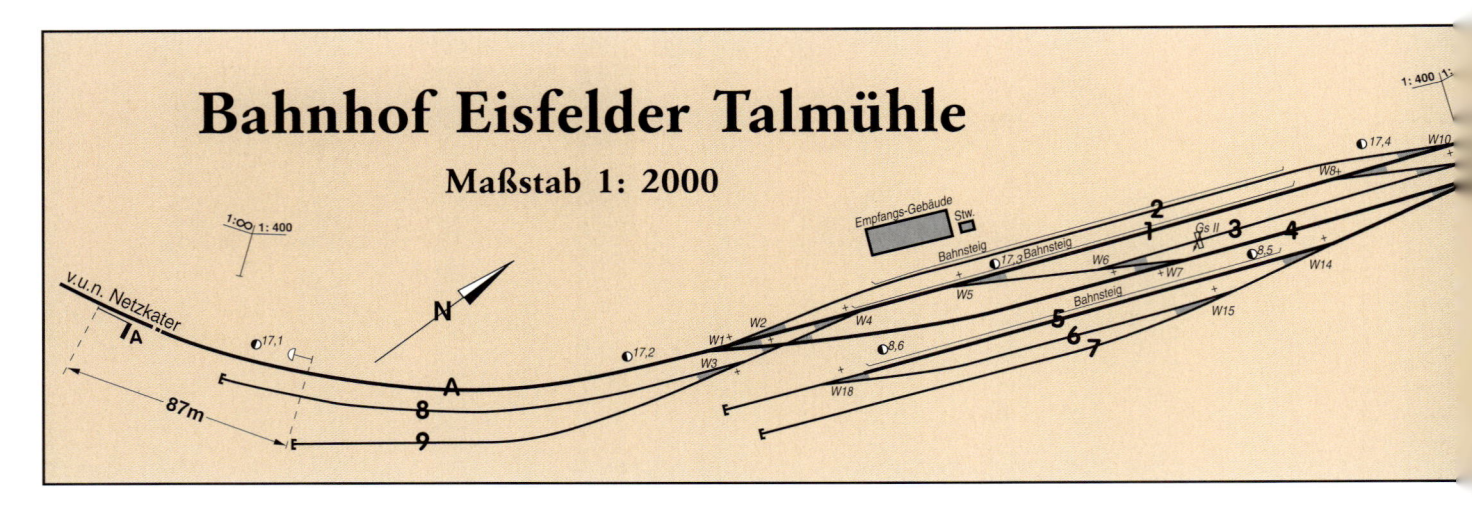

Verschwunden sind leider die meisten Dokumente, die uns Aufklärung geben könnten über die Bauart und Bedienung dieser Anlagen. Aber es gibt Ausnahmen. Zum Beispiel die große schon in Thüringen gelegene Station Eisfelder Talmühle, die einst Gemeinschaftsbahnhof der Nordhausen - Wernigeroder- und der Gernrode - Harzgeroder - Eisenbahn war. Hier war also nicht nur das Kreuzen von Zügen zu regeln, sondern die Einfahrt aus drei Richtungen, zudem der zu Zeiten umfangreiche Rangierbetrieb zur Übergabe von Wagen zwischen den Bahngesellschaften.

Gerade dieser Rangierbetrieb war der Grund, auf ferngestellte Weichen zu verzichten. Was auf den ersten Blick unlogisch erscheint, erklärt sich wie folgt: Werden die Rangierweichen vom Stellwerk bedient, so muss dieses über mindestens zwei Schichten von einem Fahrdienstleiter besetzt sein, der keine andere Tätigkeit ausüben kann. Das versuchte man schon zu Zeiten geringerer Personalkosten zu vermeiden. Stellt das Rangierpersonal hingegen die Weichen vor Ort selber, braucht der Fahrdienstleiter das Stellwerk nur zum Stellen eines Signals zu betreten und kann sich ansonsten anderen Aufgaben widmen wie Fahrkartenverkauf, Güterabfertigung etc.

Zu Sicherung eines Fahrwegs müssen bestimmte Weichen und Gleissperren verschlossen sein; welche das sind, darüber gibt die Verschlusstafel (Abb. 2) Auskunft. Wie zu ersehen ist, werden nur die Weichen 4, 5, 7 und 11 in Grundstellung (erkennbar am +) verschlossen. Nach Abschließen einer Weiche (und nur dann) kann der Schlüssel abgezogen werden. Der Rangierer oder Weichenwärter trägt den/die Schlüssel zum Stellwerk, wo sie vom Fahrdienstleiter in das jeweilige Schlüsselwerk eingesteckt und rumgeschlossen werden. Am Stellwerk von Eisfelder Talmühle, das noch immer in dem winzigen Holzhäuschen vorhanden ist, befinden sich jedoch fünf Schlüsselwerke: drei oben aufmontierte und je eines rechts und links im Gehäuse eingebaut. Das fünfte Schlüsselwerk ist für den Schlüssel der Gleissperre Gs II/Weiche 6.

Erst wenn alle für den betreffenden Fahrweg notwendigen Schlüssel im Stellwerk eingeschlossen sind, wird der Fahrstraßenhebel frei. Die beiden Fahrstraßenhebel

Abb. 5+6: Kurz nach der Wende stand das kleine Stellwerk zumindest gelegentlich offen und war augenscheinlich noch in Betrieb. Leider kann man die Schilder auch in der Herausvergrößerung nicht lesen. Fotos (2): OOK

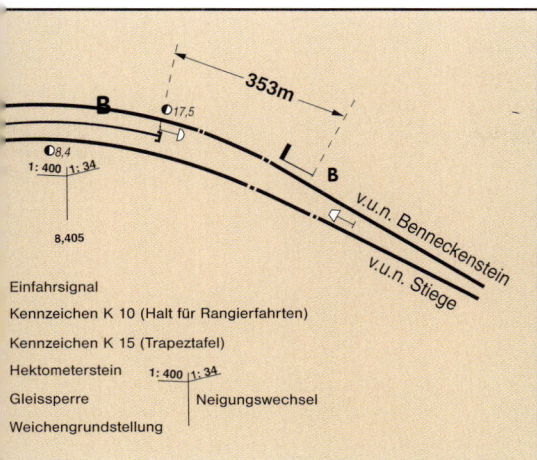

Abb. 4 (oben): Gleisplan des Bahnhofes Eisfelder Talmühle, Zustand 1962. Zwischen den Kennzeichen K 10 (Halt für Rangierfahrten) ist die Darstellung maßstäblich, ausserhalb derselben verkürzt.
Grafik: OOK n. Originalunterlagen

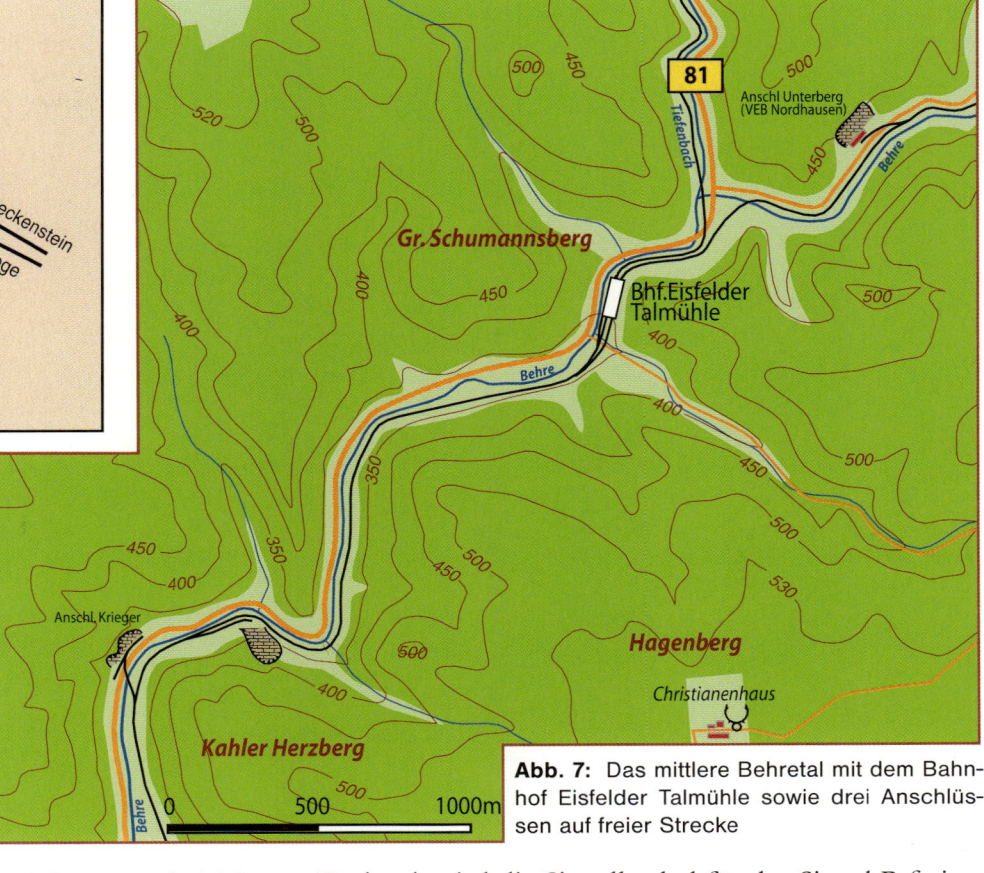

Einfahrsignal
Kennzeichen K 10 (Halt für Rangierfahrten)
Kennzeichen K 15 (Trapeztafel)
Hektometerstein
Gleissperre   Neigungswechsel
Weichengrundstellung

Abb. 7: Das mittlere Behretal mit dem Bahnhof Eisfelder Talmühle sowie drei Anschlüssen auf freier Strecke

des Stellwerks können in zwei Richtungen (schieben und ziehen) betätigt werden, sind also für je zwei Fahrstraßen zu verwenden, wobei der linke Hebel (a) mangels Bedarf nur für eine zur Anwendung kommt. Wenn also beispielsweise ein Zug von Benneckenstein einfahren soll, wird nach Einschluss aller erforderlichen Schlüssel der rechte Fahrstraßenhebel gezogen ($b_{(2)}$).

Dadurch wird die Signalkurbel für das Signal B freigegeben, das Signal kann auf „Fahrt" (Hp1) gestellt werden.

Solange das Signal auf „Fahrt" steht, ist der Fahrstraßenhebel blockiert und kann nicht in die Mittellage zurückgeschoben werden, was wiederum bewirkt, dass die Schlüssel nicht freigeschlossen werden können. Dem-

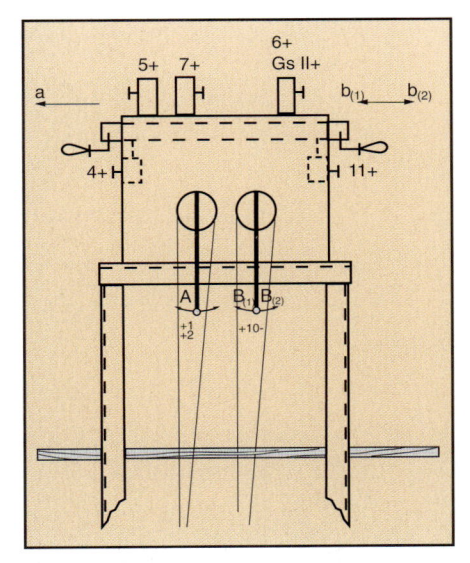

Abb. 8: Aus dem Verschlussplan und dieser Schemagrafik des Kurbelwerkes wird deutlich, wie das Stellwerk zu bedienen ist, damit für die jeweiligen Fahrstraßen Einfahrt gegeben werden kann. Die Kurbel für das Signal B kann rechts- oder linksherum gekurbelt werden, je nachdem, ob nach Gleis 1 oder 2 einzufahren ist.

Verschlußtafel Eisfelder Talmühle

Reihe	Signale	Zugrichtung				Schloß eingebaut im Kurbelwerk		Fhrstr.-H.	Signalkurbel	Fhrstr.-H.	Schloß eingebaut im Kurbelwerk		
								1+ 2+	10+ 10-				
						4+	7+	a	A	B1 B2	b1 b2	(6+) GsII+ 11+	5+
1	A	von Netzkater	nach	Gleis 1		+|	+|	—	⌐		⊞ ⊞	+| +|	+|
2													
3		aus Gleis 1	nach	Netzkater		+|	+|	—			⊞ ⊞	+| +|	+|
4		aus Gleis 2	nach	Netzkater		+|	+|						
5		aus Gleis 4	nach	Netzkater		+|							
6		aus Gleis 1	nach	Benneckenstein	+|	⊞					+	+|	+|
7													
8	B1	von Benneckenstein	nach	Gleis 1		+|	⊞		⌐		—	+| +|	+|
9	B2	von Benneckenstein	nach	Gleis 2		+|	⊞			⌐	+		
10		von Stiege	nach	Gleis 4		+|							

Abb. 9: Das Schlüssellochsymbol lässt erkennen, wo welche Schlüssel eingeschlossen werden müssen. Die Bezeichnungen der Stellung der Fahrstraßenhebel und der Signalkurbeln korrespondieren mit denen der schematischen Darstellung des Stellwerks (Abb.3). Grafiken Abb. 2-4: OOK n.Originalvorlage.

Harzer Schmalspur-Spezialitäten

Abb. 10: So sah das erste Stationsgebäude von Eisfelder Talmühle mit separatem Aborthäuschen aus. Bis zur Eröffnung der Verbindungsstrecke zur Selketalbahn im Sommer 1905 mag es wohl auch genügt haben, dann aber, als hier der Gemeinschaftsbahnhof zweier Bahngesellschaften mit Wagenübergang und Umsteigeverkehr entstand, musste ein größeres Gebäude her. Foto: Slg Steimecke
Abb. 11 (unten): Das stattliche neue EG beherbergte etliche Beamtenwohnungen, Übernachtungsmöglichkeiten für Personal und einen Restaurationsbetrieb. Vom Stellwerk ist jedoch auf dieser frühen Aufnahme noch nichts zu sehen. Foto Slg Haßelmann

Schlüsselbrett Eisfelder Talmühle

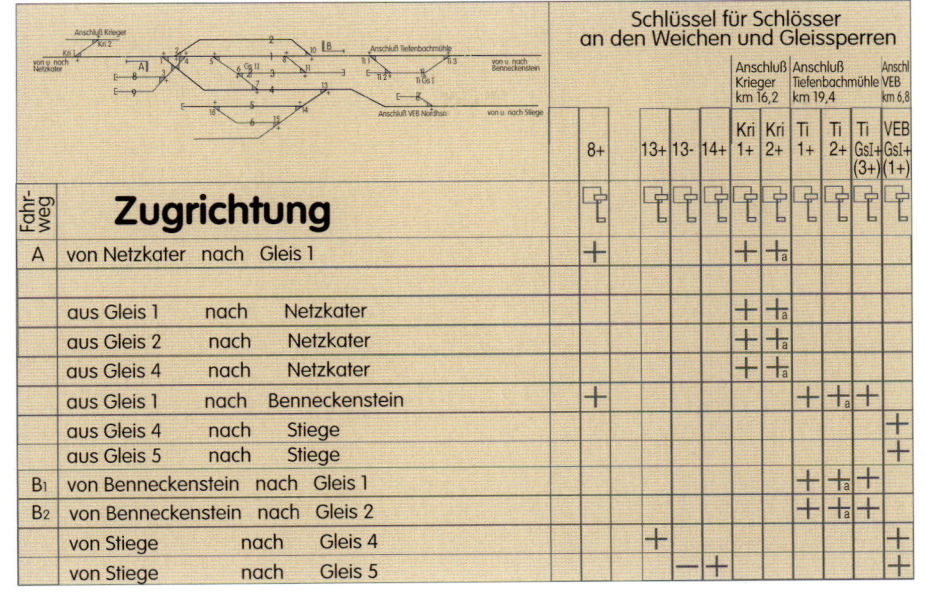

Fahrweg	Zugrichtung		Schlüssel für Schlösser an den Weichen und Gleissperren									
						Anschluß Krieger km 16,2		Anschluß Tiefenbachmühle km 19,4			Anschl. VEB km 6,8	
		8+	13+	13-	14+	Kri 1+	Kri 2+	Ti 1+	Ti 2+	Ti GsI+ (3+)	VEB GsI+ (1+)	
A	von Netzkater nach Gleis 1					+	+a					
	aus Gleis 1 nach Netzkater					+	+a					
	aus Gleis 2 nach Netzkater					+	+a					
	aus Gleis 4 nach Netzkater					+	+a					
	aus Gleis 1 nach Benneckenstein	+						+	+a	+		
	aus Gleis 4 nach Stiege										+	
	aus Gleis 5 nach Stiege										+	
B1	von Benneckenstein nach Gleis 1							+	+a	+		
B2	von Benneckenstein nach Gleis 2							+	+a	+		
	von Stiege nach Gleis 4		+								+	
	von Stiege nach Gleis 5			−	+						+	

Abb. 12: Ein Schlüsselbrett gibt es überall dort, wo Weichen- und Gleissperrenschlüssel zu verwalten sind, nicht nur bei Stellwerken. Ein Schemagleisplan zeigt die Weichen und Gleissperren mit Lage und Nummer, auch wenn sie sich außerhalb der Betriebsstelle befinden. Hier ist an jeder der drei Strecken Richtung Netzkater, Benneckenstein und Stiege je ein Anschluss enthalten. Früher waren auch noch die Anschlüsse *Kälberbruch* (Ri. Benneckenstein) und *Birkenmoor* (Ri. Hasselfelde) enthalten.

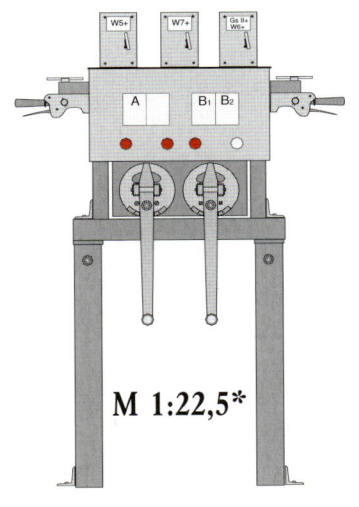

M 1:22,5*

*Umkopierprozentzahlen für andere Maßstäbe s.S.96

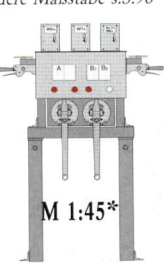

M 1:45*

Abb. 13: Nach Originalunterlagen der Signalbauanstalt Max Jüdel, Braunschweig, wurde diese Zeichnung des Kurbelwerkes von Eisfelder Talmühle angefertigt. Grafik: OOK

zufolge bleiben auch die Weichen und die Gleissperre verschlossen, bis nach erfolgter Einfahrt des Zuges die Fahrstraße aufgelöst wird. Das ist die simple aber wirkungsvolle mechanische Eisenbahnsicherungstechnik.

Allerdings ist es nicht so, dass sich die Weichen- und Gleissperrenschlüssel, wenn sie weder zum Rangieren noch zur Fahrstraßensicherung gebraucht werden, in einer der beiden Sorten Schlösser befinden dürfen; sie haben bei Nichtbenutzung am Schlüsselbrett zu hängen (Abb.12). Dort sind die Stellen für jeden Schlüssel markiert, so dass sofort zu erkennen ist, welcher Schlüssel „fehlt". Wenn es um mechanische Stellwerke geht, so denkt man meist an die sogenannten Hebelstellwerke, die in der Tat auch am weitesten verbreitet waren. Zum Stellen von Signalen wählte man jedoch häufig Kurbelwerke, speziell bei sehr langen Drahtleitungen, da die Kurbel bei der Betätigung um volle 360° gedreht wird (gegen 180° beim Hebelstellwerk) und so einen größeren Stellweg ermöglicht.

In Eisfelder Talmühle und beispielsweise auch in Elend gab es nur je zwei Signale zu bedienen und kei-

Abb. 14+15: Das Kurbelwerk von Elend steht noch heute auf dem Bahnsteig vor dem Empfangsgebäude. Die locker hängenden Drähte zeugen davon, dass es nicht mehr in Betrieb ist. Es hat nur ein aufgesetztes Schlüsselwerk, insgesamt also drei, zwei weniger als das von Eisfelder Talmühle. Der hohe technikgeschichtliche Wert der Apparatur harrt noch der Entdeckung (und Rettung).

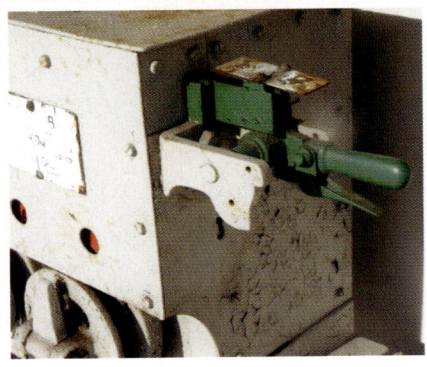

Abb. 16: Der Fahrstraßenhebel ist eine Schubstange, die durch Kippen des Griffes nach unten oder oben herausgezogen oder hineingeschoben wird. Fotos (3): OOK

Harzer Schmalspur-Spezialitäten

M 1:45*

*Umkopierprozentzahlen für andere Maßstäbe s.S.96

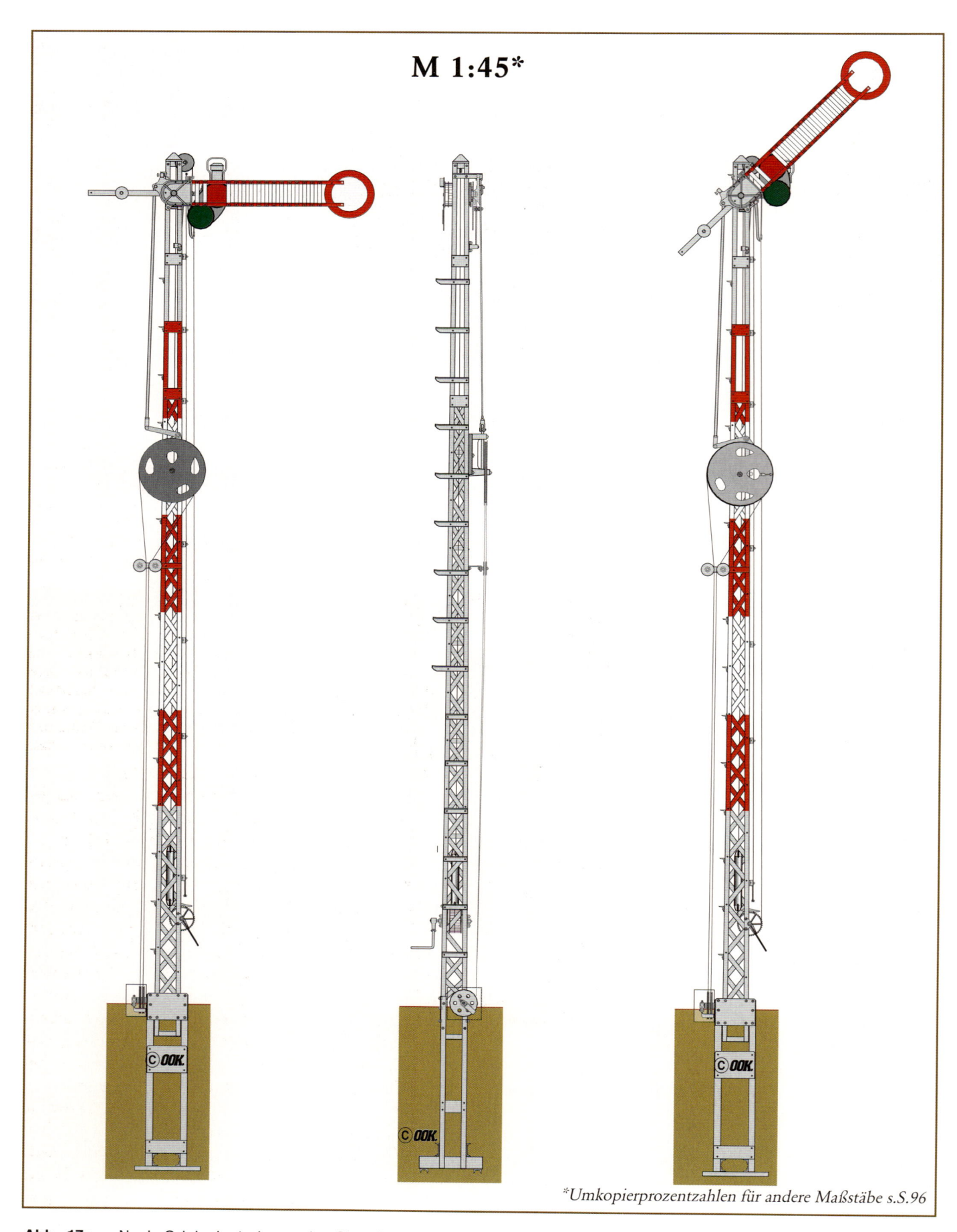

Abb. 17a-c: Nach Originalunterlagen der Signalbauanstalt Max Jüdel, Braunschweig, entstanden diese Zeichnungen eines Länderbahnsignals vom Typ, wie er auch bei der Nordhausen-Wenigeroder-Eisenbahn verwendet wurde. Aus Profilen zusammengenieteter durchbrochener Flügel und rot-weiß-rot gestrichener Gittermast (statt entsprechendem Mastschild) machen das Vorreichsbahntypische aus, vor allen Dingen jedoch die quer zum Gleis liegende Stellrinnenscheibe im oberen Mastdrittel. In Stellung Hp 0 (Halt) schien das rote Licht durch eine Ausnehmung im Flügel. Grafiken: OOK.

Harzer Schmalspur-Spezialitäten

Abb. 18: Die Südharzbahn hatte nur wenige Signale. Auf diesem Bild hat der Zug nach Braunlage soeben den Bahnhof Brunnenbachsmühle verlassen, dessen zweiflügeliges Einfahrsignal Einfahrt nach Gleis 1 oder Gleis 2 geben kann, je nachdem, ob der Zug nach Walkenried oder nach Tanne weiterfahren soll. Foto: Slg Dörner

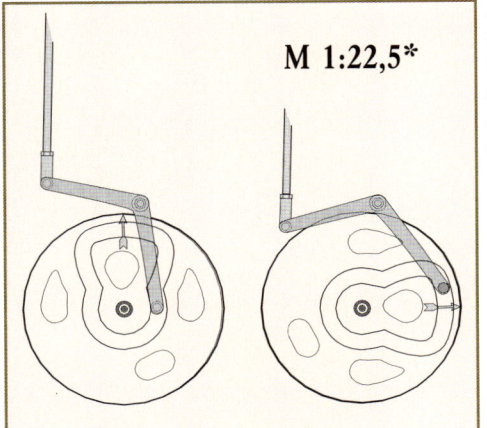

Abb. 19: Vergrößerte transparente Darstellung der Stellrinnenscheibe mit der geschlossenen Hubkurve und dem Winkelhebel, dessen Röllchen sich in der Hubkurve bewegt. Links Stellung Hp 0, rechts Stellung Hp 1. Grafik: OOK.

M 1:22,5*

Abb. 20: An der wieder eingerichteten Kreuzungsstation Drängetal der Harzquerbahn stehen heute funkferngesteuerte solarbetriebene Lichtsignale. In den Siebzigerjahren stand dort aber noch eins der letzten Länderbahnsignale, dessen Flügelkonstruktion hier erkennbar ist. Foto. Slg Steimecke

Abb. 21: In späteren Jahren wurden die genieteten Flügel durch geprägte Blechflügel ersetzt, die jedoch, im Gegensatz zu Reichsbahnsignalen, eine Ausnehmung für das rote Signallicht erhielten. Dieses Signal steht heute in Benneckenstein beim im Entstehen begriffenen Harzbahnmuseum. Foto: OOK.

ne Weichen, daher genügten in beiden Fällen einfache Kurbelwerke mit zwei Kurbeln. In Wiedaerhütte an der Südharzbahn gab es gar nur ein Einfahrsignal, dementsprechend auch nur eine einfache Signalwinde auf dem Bahnsteig (s. Artikel über Wiedaerhütte ab S. 19). Im Gegensatz zu Elend, wo das Stellwerk auf dem Bahnsteig im Freien stand und sogar noch steht, wenn auch funktionslos, hatte das von Eisfelder Talmühle seinen Platz in einem winzigen Häuschen von ergreifender Schlichtheit neben dem Empfangsgebäude.

Bei den Signalen handelte es sich um ein- und zweiflügelige Formen der sogenannten Länderbauart, die vor der Zeit der Deutschen Reichsbahn-Gesellschaft von diversen Signalbauanstalten entwickelt wurden, unter anderem von der Fa. Max Jüdel in Braunschweig. Ein solches Signal - einflügelig - zeigt die Abb. 17. Im Unterschied zu den Reichsbahnsignalen gab es kein rot-weiß-rotes Mastschild, der Gittermast selber war im mittleren Bereich rot-weiß-rot gestrichen. Der Signalflügel bestand nicht aus geprägtem Blech, sondern war aus Profilen und einer runden Blechscheibe zusammengenietet.

*Umkopierprozentzahlen für andere Maßstäbe s.S.4

Typischstes Merkmal dieser frühen Bauarten war jedoch der sogenannte Kurvenrollenantrieb. Eine kleine Rolle am Ende eines Winkelhebels (Abb. 19) lief in einer Kurvenrille auf der Rückseite der runden Signalantriebsscheibe. Beim Drehen der Scheibe wurde der Winkelhebel durch den sich ändernden Abstand der Rille vom Scheibenmittelpunkt bewegt und brachte den Signalflügel in die gewünschte Stellung. Dass die Kurvenrille geschlossen war, statt Anfang und Ende zu haben, lag an den sogenannten Drahtbruchvorschriften, welche besagten, dass das Signal beim Bruch eines Drahtes - egal, welchen - durch Wirkung des zwischengeschalteten Spannwerks auf jeden Fall in die Halt-Stellung gebracht werden musste.

Die heute noch an der Harzquerbahn vorhandenen Signale sind neuere Bauformen ohne die typische Kurvenrillenscheibe. Das einzige mir bekannte erhaltene Signal in Deutschland mit einer solchen Scheibe lagert in einem alten Schuppen in Heiligenberg bei der Museumsbahn Bruchhausen-Vilsen - Asendorf und wartet auf seine Wiederentdeckung als wertvolles technisches Kulturgut. Wenn diese in nicht allzu ferner Zukunft erfolgte, wäre eventuell noch ein passendes Kurbelwerk von der Harzquerbahn zu haben.

Harzer Schmalspur-Spezialitäten

Kap. II

Bahnhistorie unterm Tennisplatz

„Ausgrabungen" bei der Station Wiedaerhütte der Südharzbahn

Abb.1: Zugkreuzung in Wiedaerhütte zu Anfang des vorigen Jahrhunderts. Beide von Jung-Mallets mit der SHE-typischen tiefen Kessellage gezogenen Züge sind relativ kurz. Der talwärts fahrende Zug führt außer dem Gepäckwagen nur zwei Personenwagen, der bergwärts fahrende gar nur einen. Das Stationsgebäude ist noch völlig unverbrettert und zeigt sein schönes Fachwerk. Foto. Slg Dörner.

Natürlich führen Ausgrabungen zu gar nichts, wenn das einst dort Vorhandene völlig platt gemacht wurde. Deswegen braucht man zum Tennisplatz in Wieda auch keine Schaufel mitzunehmen. Es gibt nichts zu finden unter der roten Fläche. Graben lohnt sich jedoch in Archiven und in privaten Sammlungen, und was da alles im Laufe von Jahrzehnten zum Thema *Bahnhof Wiedaerhütte* der Südharzbahn ans Licht gekommen ist, ist beachtlich und ermöglicht diese umfassende Darstellung.

Wieda war stets ein langgestrecktes Straßendorf; erst nach dem Kriege drangen Neubausiedlungen in die Seitentäler hinein. Die Länge machte es sinnvoll, beim Bau der Südharzbahn zwei Stationen einzurichten, eine in der Mitte des Unterdorfes, schlicht *Wieda* geheißen, und eine bei der Eisenhütte am oberen Ortsausgang, die logischerweise *Wiedaerhütte* benannt wurde.

Abb. 2: Die gleiche Stelle knapp sechzig Jahre später. Der Henschel-Fünfkuppler hat einen Wagen im Hüttenanschluss abgesetzt und fährt nun weiter nach Braunlage. Foto: Spühr

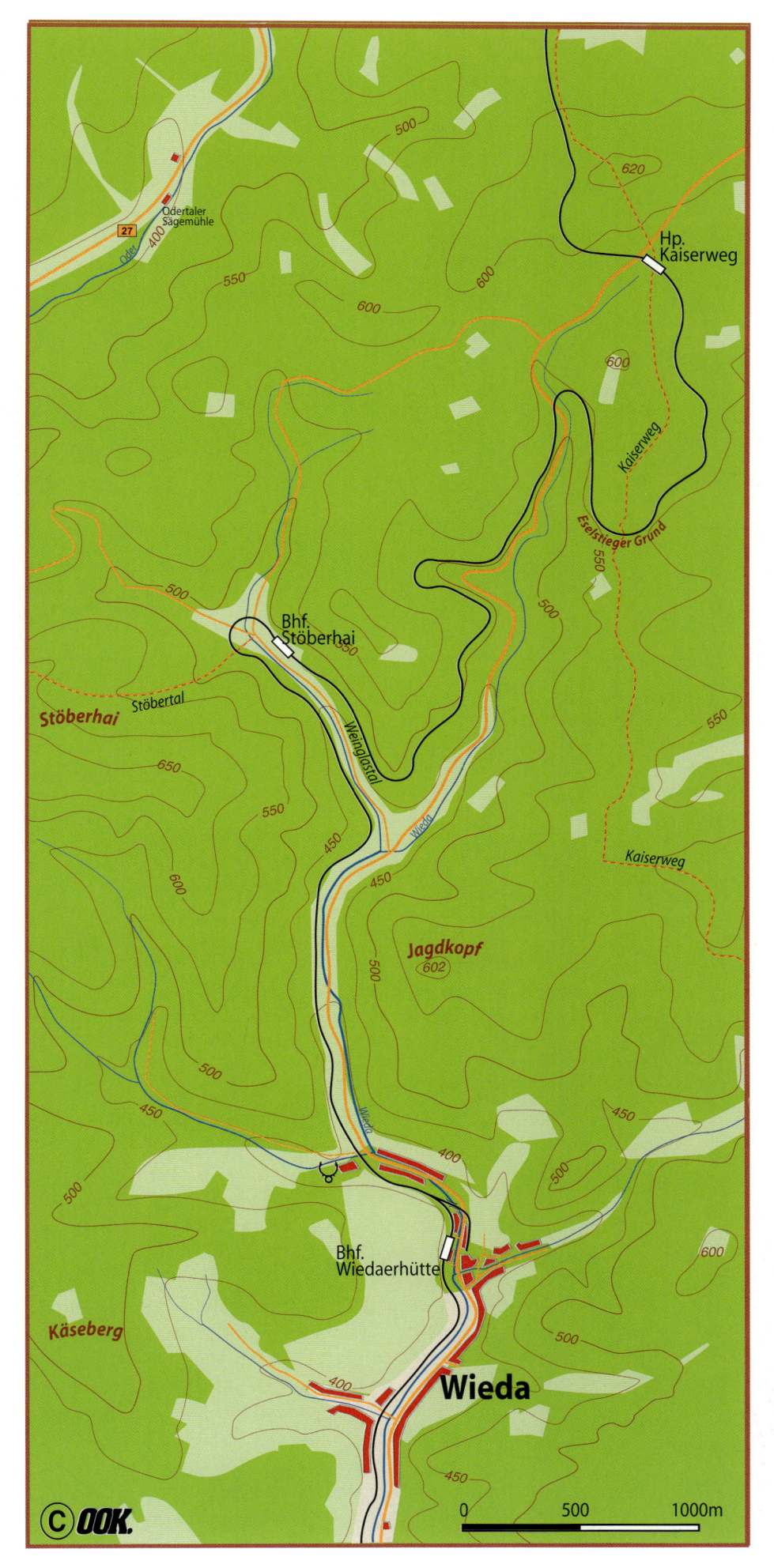

Ursprünglich wirklich eine Hütte, in der Eisenerz verhüttet wurde, war die Wiedaer Hütte (meist in einem Wort geschrieben) später nur noch Eisengießerei. Hauptprodukte waren Gullideckel und Öfen. Das sind schwere Teile, deren Abtransport mit der Bahn ebenso sinnvoll war wie die Heranschaffung des Rohmaterials: Koks und Eisenkokillen sowie Schrott und Formsand. Allerdings ging die Hütte schon Ende der Fünfzigerjahre dazu über, eigene Lkw anzuschaffen und die Produkte selbst zu spedieren, was die Südharzbahn natürlich eines ihrer Hauptverfrachter beraubte. Das führte dann 1963 auch zur Betriebseinstellung.

Die Wiedaer Hütte bestand nicht aus wenigen großen Hallen, wie man das aus dem Ruhrgebiet kennt; eine Vielzahl kleiner und mittlerer Gebäude, oft in Fachwerk ausgeführt, zeugt von kleinen Anfängen und kontinuierlicher Ausdehnung. Insgesamt drei Anschlussgleise führten auf das Hüttengelände, zwei direkt im Stationsareal (s. Bahnhofsgleisplan S. 20 sowie Abb. 1 und 2), die hauptsächlich dem Versand von Fertigprodukten dienten, ein drittes überquerte oberhalb der Station die Wieda und die Straße und diente zur Rohstoffzufuhr (s. nebenstehende Karte). Die einfache Blechträgerbrücke ist heute noch vorhanden.

Andererseits war die Hütte auch der einzige SHE-Kunde an dieser Station, es gab weder ein öffentliches Freiladegleis noch eine Rampe. Diese allgemeinen Bahnhofsfunktionen waren der Station Wieda vorbehalten. Immerhin gab es einen kleinen in das Empfangsgebäude integrierten Güterboden, der aber offensichtlich nur für Expressgut bestimmt war.

Aber bevor wir auf das Gebäude eingehen, soll der Bahnhofsgleisplan betrachtet werden, hält er doch einige Besonderheiten bereit.

Abb. 3: Das obere Wiedatal im Maßstab 1:25000. Die Station Wieda liegt kurz unterhalb des unteren Kartenrandes

Harzer Schmalspur-Spezialitäten

Abb. 3: Auf der Grundlage einer 1:500-Karte des Bahnhofareals Wiedaerhütte konnte dieser detaillierte Plan gezeichnet werden, der nicht nur die Lage der Gleise und Gebäude wiedergibt, sondern auch die Signalleitung mit Kurbel und Signal sowie die Seilzuganlage mit Haspel und Umlenkrolle. Grafik: OOK.

Auf den ersten Blick ein eher simpler Gleisplan: zwei durchgehende Gleise für Zugkreuzungen oder zum Umfahren des Zuges beim Rangieren plus zwei Stumpfgleise als Anschlüsse für die Wiedaer Hütte. Die gesamte Anlage liegt im Bogen, selbst in den beiden Durchfahrgleisen kaum ein gerader Gleismeter. Das sieht schon fast wie Modellbahn aus.

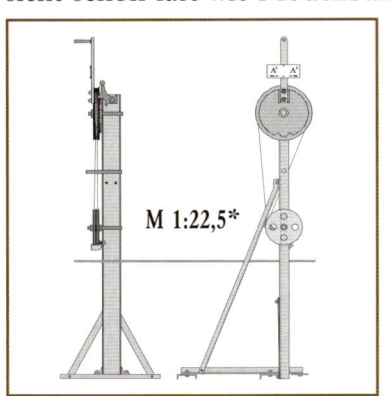

Über diese Gleislagen hinaus bietet der Plan jedoch eine ungewohnte Informationsfülle. Zwei dünne Linien durchziehen das Bahnhofsareal, die eine die Drahtzug-

Abb. 4: Einfache Signalkurbel Bauart Max Jüdel zur Einfahrt in zwei verschiedene Gleise.

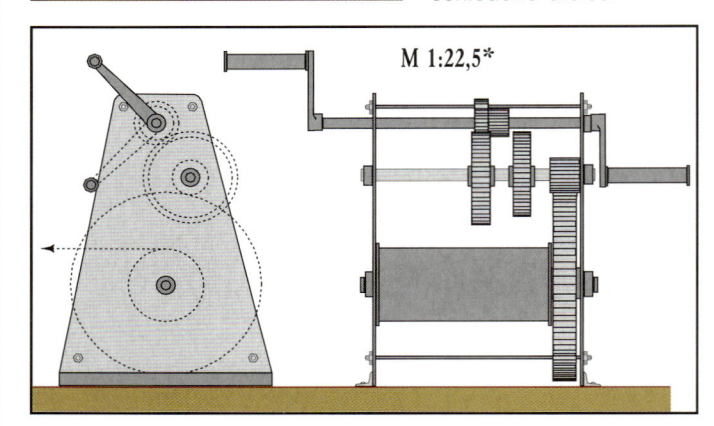

Abb. 5: Eine handbediente Haspel, auch Seilwinde oder Spill genannt, zur Bedienung durch zwei Mann. Durch axiales Verschieben der Kurbelachse lassen sich zwei verschiedene Gänge wählen, wobei für beladene oder schwerläufige Wagen die größere Untersetzung gewählt werden konnte.

leitung zur Bedienung des Einfahrsignals, die andere der Verlauf des Seils der Haspel-/Seilzuganlage, mit der die Hüttenarbeiter selbstständig Wagen in das Anschlussgleis verholen konnten, wenn keine Lokomotive im Bahnhof war. Die Standorte von Haspel (Seilwinde), Umlenkrolle und Signalkurbel sind lagerichtig eingezeichnet.

Auch das Einfahrsignal aus Richtung Stöberhai stand - wie eingezeichnet - wegen des Hundertmeterbogens weit ab links vom Gleis, damit es von weither sichtbar war. Es dürfte sich um die auf S. 16 abgebildete Bauart gehandelt haben. Von Süden her, also aus Richtung Wieda, gab es kein Einfahrsignal, sondern vermutlich nur eine Trapeztafel K 15, denn von dort konnten Züge per Handsignal in den Bahnhof geholt werden. Vermutlich aber erlaubte der Buchfahrplan die direkte Einfahrt der von Süden kommenden Züge. *Forts. S. 25*

Abb. 6: Wieda war schon vor hundert Jahren eine Sommerfrische mit Tourismusbetrieb, was wohl die relativ hohe Zahl an historischen Ansichtskarten erklärt, die es vom Ort gibt, auch von der Station Wiedaerhütte, die durch den gegenüberliegenden Hang gut von oben zu fotografieren war. Aus dieser Perspektive erkennt man gut die komplexe Zusammensetzung des Stationsgebäudes aus drei Teilgebäuden. Die im Plan Abb.3 eingezeichnete Signalwinde existierte zum Zeitpunkt der Aufnahme offenbar noch nicht. Vom Hintergrund, durch Teleaufnahme wohl etwas zu nah, grüßt der 602m hohe Jagdkopf herüber (s. Karte S.19). Foto: Slg Dörner

Abb. 7: Eher ansichtskartentypisch ist diese Aufnahme Blickrichtung Südosten, zeigt sie doch das hübsche Tal, in dem der Ort Wieda liegt. Links im Vordergrund ist das offene Versandlager der Hütte zu sehen. Foto. Slg Haßelmann.

Abb. 8: Keine neuen Informationen über das Bahnhofsgebäude bietet uns diese Amateuraufname, dafür aber eine deutliche Ansicht der sogenannten Trinkhalle - heute würde man Kiosk sagen -, die etwas später als das Stationsgebäude errichtet wurde (in Abb. 6 fehlt sie noch). Ursprünglich stand sie jedoch näher am Stationsgebäude (vgl. Abb. 7). Ebenfalls interessant die beiden mit Holz beladenen Güterwagen, von denen der vordere einer der aus den Selbstentladewagen umgebauten Blech-Hochbordwagen ist. Bei den drei freien Seiten des Wohnhauses ist das schöne Fachwerk unter einer Verbretterung mit Deckleisten verschwunden. Foto: Slg Grenzel

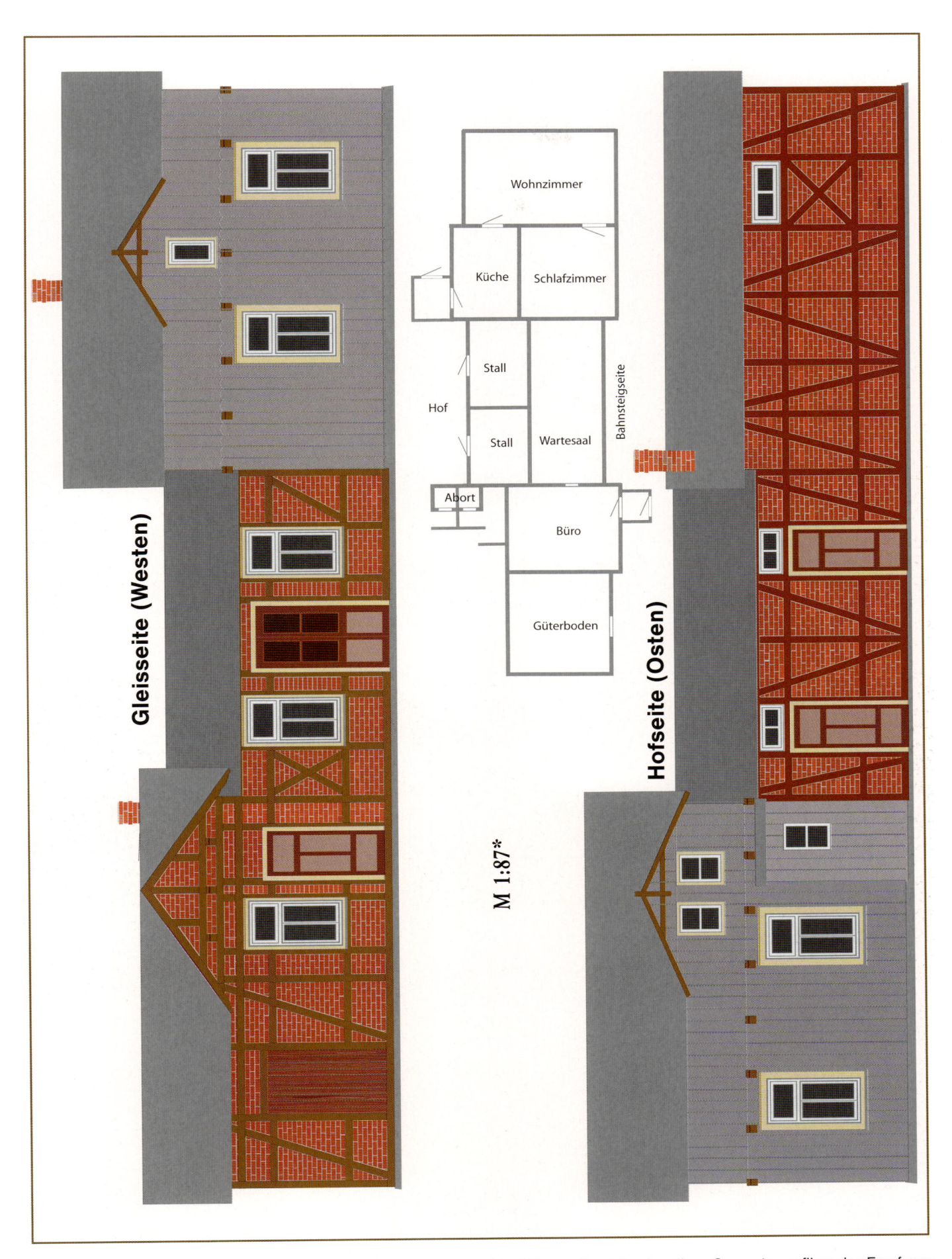

Abb. 9: Auf der Basis der Handskizzen des ex SHE-Bahners Grenzel (vgl. Vorwort) entstanden diese Computergrafiken des Empfangsgebäudes von Wiedaerhütte. Wiedergegeben ist der letzte Zustand mit verbrettertem Wohnhausteil und entferntem Windfang vor dem Dienstraum. Grafiken: OOK.

*Umkopierprozentzahlen für andere Maßstäbe s.S.96

Harzer Schmalspur-Spezialitäten 23

Abb. 10: Zu den klassischen, wiederholt veröffentlichten Aufnahmen des Bahnhofes Wiedaerhütte gehört diese Güterzugeinfahrt mit Lok 56 von Alfred Spühr. Der aufgebockte Fad-Wagen ist die einzige Nutzlast, der Rest sind Begleit- und Pufferwagen plus zwei leere Flachwagen am Schluss. Die Person auf der Bank wartet doch nicht etwa auf den T 02?

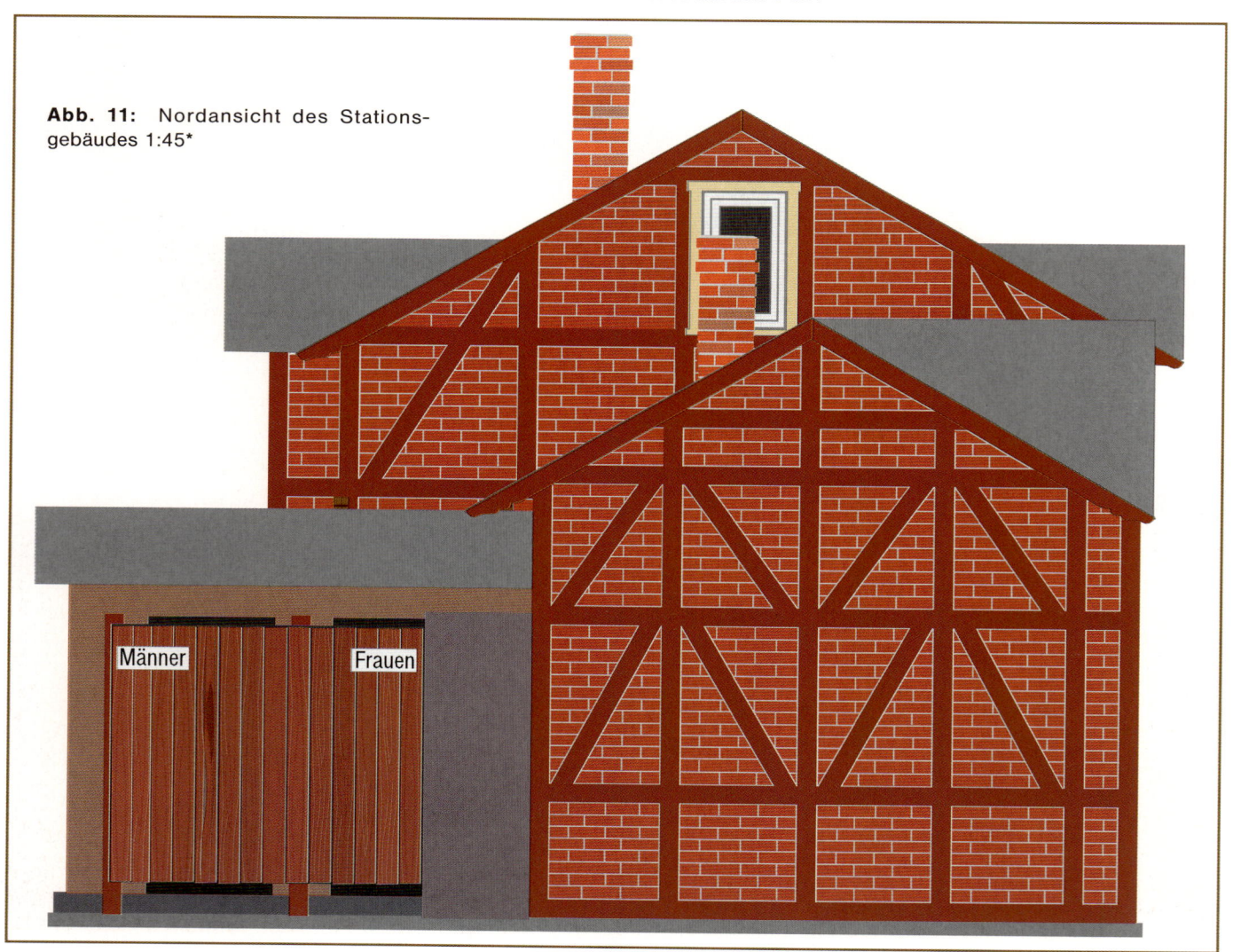

Abb. 11: Nordansicht des Stationsgebäudes 1:45*

Männer Frauen

Harzer Schmalspur-Spezialitäten

Abb. 12: Aufnahmen von EG-Straßenseiten gibt es selten, von Wiedaerhütte aber doch wenigstens eine aus einem schneereichen Winter. Foto: Slg Grenzel

Die schon im Vorwort erwähnten Skizzen des ex SHE-Bahners Grenzel waren der Anlass, das Stationsgebäude von Wiedaerhütte zu zeichnen und dieses Kapitel in das vorliegende Werk aufzunehmen. Das Gebäude besticht durch seine Komplexität, im Ursprungszustand zudem durch sein besonders schönes Fachwerk, das später, zumindest beim Wohnhausteil, verbrettert wurde. Genau genommen sind es drei Gebäude: das Dienstgebäude mit Vorsteherbüro und Güterboden, südlich anschließend der Zwischentrakt mit Warteraum sowie Ställen für den Bahnhofsvorsteher, schließlich das Beamtenwohnhaus. Die Raumaufteilung des Erdgeschosses ist aus dem Grundriss in Abb.9, Seite 23 zu sehen. Von der Küche führte eine steile Treppe ins halbhohe Obergeschoss mit dem Schlafraum für die Kinder.

Das ist nach heutigen Bemessungsgrundlagen für eine vierköpfige Familie ziemlich wenig Wohnraum, dürfte jedoch vor hundert Jahren über dem Durchschnitt gelegen haben. In dem Zusammenhang fällt die relative Größe des Warteraumes auf, mit der heute mancher mittelstädtische Bahnhof nicht mitkommt.

Der Güterboden hat keine Rampe und keinen Zugang von der Straßenseite aus, denn eine solche gibt es nicht.

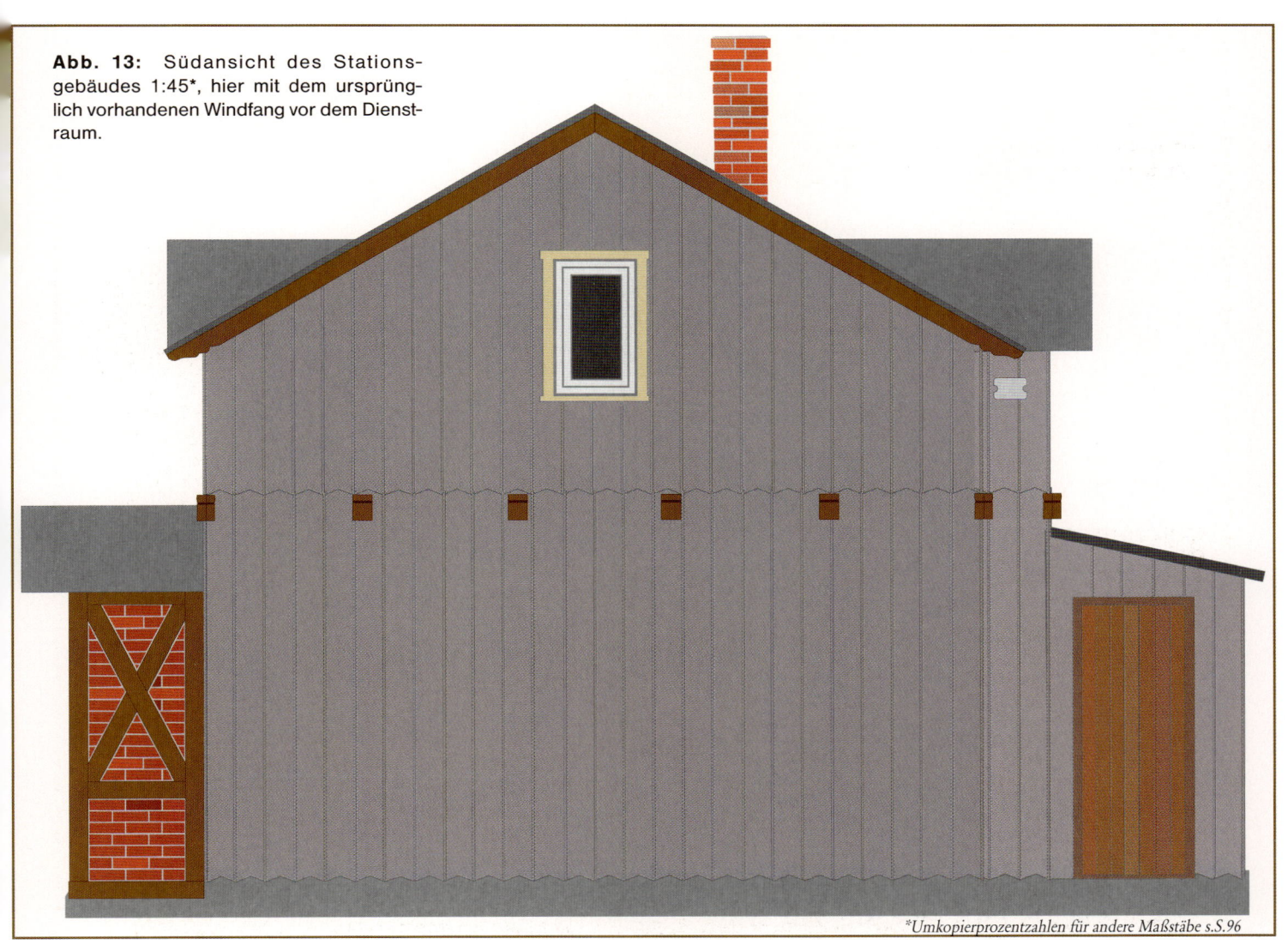

Abb. 13: Südansicht des Stationsgebäudes 1:45*, hier mit dem ursprünglich vorhandenen Windfang vor dem Dienstraum.

*Umkopierprozentzahlen für andere Maßstäbe s.S.96

Harzer Schmalspur-Spezialitäten

Abb. 14: Offenbar wurde die Verbretterung des Wohnhauses schon sehr früh vorgenommen. Auch dieses Motiv wurde einst - heute undenkbar - als Ansichtskarte gehandelt. Offenbar ging es vor hundert Jahren nicht immer nur darum, wie „schön" es irgendwo ist, sondern um sachliche Information: so geht es hier, wo ich gerade bin, zu. Und hier in Wiedaerhütte geht es, wie man sieht, recht emsig zu. Postkarte Slg Dörner

Abb. 15: Das oberhalb des Bahnhofes ausgefädelte dritte Anschlussgleis (vgl Karte S. 19) überquerte das Flüßchen Wieda auf einer einfachen Brücke, dann die Straße und führte bis in eins der vielen Hüttengebäude hinein, die Gießerei. Foto: OOK.

Abb. 16+17: Wenn oben gesagt wurde, dass von der Station Wiedaerhütte nichts, aber auch gar nichts geblieben ist, dann stimmt es doch nicht ganz. Die kleine Brücke des Anschlussgleises über die Wieda ist tatsächlich noch vorhanden, wenn auch nicht leicht zu finden. Über weitere noch vorhandene SHE-Brücken steht etwas in Kap.V auf Seite 47. Fotos (2): OOK.

Abb. 18 Es existieren kaum Farbaufnahmen von Wiedaerhütte, vom Stationsgebäude selbst konnte gar keine aufgefunden werden. Umso erfreulicher dieses Bild von den beiden Anschlussgleisen der Hütte. Im Gegensatz zu Abb. 2 sind hier nur schmalspurige Güterwagen zugestellt. Foto: Detlev Luckmann

Abb. 19: Noch so ein Klassiker mit déjà-vu-Effekt, aber unverzichtbar, wenn es um Wiedaerhütte geht. Der T 02 ist von Braunlage eingefahren, ausgestiegene Fahrgäste, darunter auch Fahrschüler, machen sich auf den Heimweg. Foto: Horst Lehne, Slg Pieker

So wird hier vermutlich nur Expressgut abgefertig worden sein. Für die Behandlung größerer Frachten wie Säcke und Kisten fehlten die Voraussetzungen.

Der ursprünglich vorhandene Windfang vor dem Büro ist nach 1950 entfernt worden. Auf den Zeichnungen ist er mal eingezeichnet, mal nicht. Auffällig ist nur, dass er keine seitlichen Fenster hatte, was dem armen Fahrdienstleiter bei Frost oder schlechtem Wetter den Blick auf die Strecke erlaubt hätte, ohne das Haus zu verlassen.

Wiedaerhütte ist längst Geschichte; nichts mehr erinnert an den Bahnhof mit seinem schönen Gebäudekomplex. Mit diesem Kapitel sei ihm ein Denkmal gesetzt.

Harzer Schmalspur-Spezialitäten

Kap. III
Elektrisch über den Berg und am Seil zu Tal
Die Granitbrüche auf den Hippeln und der Steintransport

Granit ist ein wertvoller Stein, der außer zum Straßenbau gern für öffentliche Prachtbauten und Denkmäler verwendet wurde und wird. Aber Granit ist nicht gleich Granit. „Feldspat, Gneis und Glimmer, die drei vergess' ich nimmer" hieß in der Schule unsere Eselsbrücke, um die Frage des Chemielehrers nach den Bestandteilen des Granits jederzeit korrekt beantworten zu können. Das ist aber weniger als die halbe Wahrheit, denn bis zu einem Dutzend weiterer Stoffe können enthalten sein, die dazu führen, dass der eine Granit so hart ist, wie man es erwartet, der andere aber durch Erosion leicht zerstört wird. Wäre er überall gleich gut, wäre das ganze 150 qkm große Brockenmassiv (vgl Karte Abb.1) bis zum Okertal ein einziger Steinbruch.

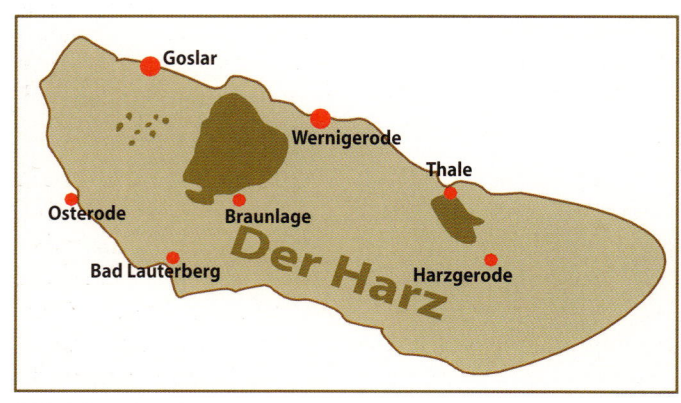

Abb.1 Granitvorkommen im Harz: Allein das Brockenmassiv, das bis ins Okertal reicht, ist ca. 150 qkm groß, das Ramberg-Massiv im Unterharz, das von der Gernrode-Harzgeroder-Eisenbahn überquert wird, ist dagen nur ein Viertel so groß.

Die Gräflich-Stolbergisch-Wernigeröder Regierung erließ 1806 ein Edikt, das die uneingeschränkte Förderung des Granitabbaus festschrieb. Damit ist der Beginn des Granitabbaus im Harz einigermaßen genau terminierbar; vorher war nur Gestein abgebaut worden, das mit primitiven Handwerkzeugen gebrochen werden konnte.

Im Gebiet von Wernigerode wurde der erste Antrag auf Genehmigung zum Granitabbau erst 1862 gestellt. Das war die große Zeit des Straßenbaus in ganz Deutschland, der einen enormen Bedarf an Pflastersteinen und Bordsteinkanten hatte. Da der Harzgranit laut Feststellung der geologischen Landesanstalt den geringsten Eisengehalt hat, eignet er sich speziell für wasserberührte Bauten und wurde schon damals zur Uferbefestigung des Rheins verwendet. Als die Harzquer- und Brockenbahn am 27. März 1899 ihren Betrieb aufnahm, befand sich die Harzer Granitindustrie bereits in voller Blüte.

Die Bahn profitierte von der Tatsache, dass es längs ihrer Trasse an den unterschiedlichsten Stellen abbauwürdige Vorkommen von hochwertigem Granit gab. In vielen Fällen war es erst der Bahnbau, der den Aufschluss eines Steinbruches wirtschaftlich sinnvoll machte. Dazu gehören neben den Steinbrüchen bei Knaupsholz und am Königsberg (vgl. Kapitel XI, S.78)

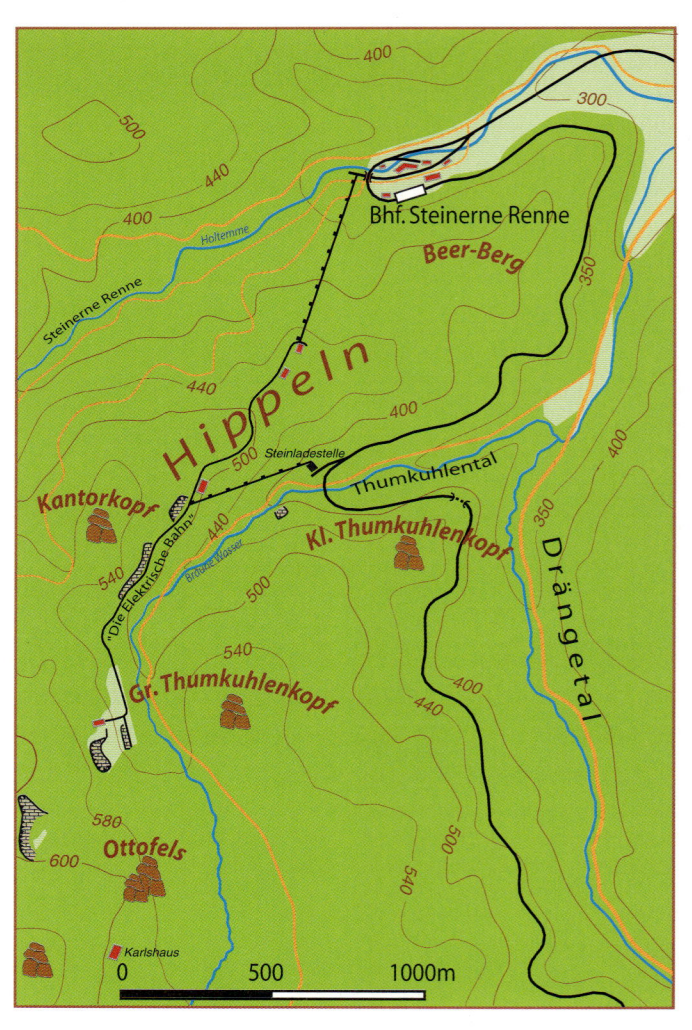

Abb.2: Auf dem Höhenrücken Hippeln südwestlich von Wernigerode wurde hochwertiger Granit gefördert, der mit einer elektrischen Schmalspurbahn mit 600mm Spurweite zu zwei verschiedenen Bremsbergen transportiert wurde. Einer führte direkt ins Granitwerk am Bahnhof Steinerne Renne, der andere zur NWE-Ladestelle im Thumkuhlental.

Abb.3: Hübsch bunt coloriert ist diese Ansichtskarte der Station Steinerne Renne mit dem Granitwerk. Das untere Ende des Bremsberges ist gut zu sehen, die Überführung über die Forststraße ebenfalls. Deren Widerlager existieren noch heute (Abb.5) und erlauben das Auffinden der Bremsbergtrasse im nachgewachsenen Hochwald trotz dichtem Unterholz. Unter dem Gleis der Harzquerbahn hindurch führt das Werksbahngleis zum Fuß des Bremsberges. Hinter dem Empfangsgebäude das kleine Kraftwerk, dessen Turbinen noch heute Strom erzeugen. Postkarte Slg Haßelmann

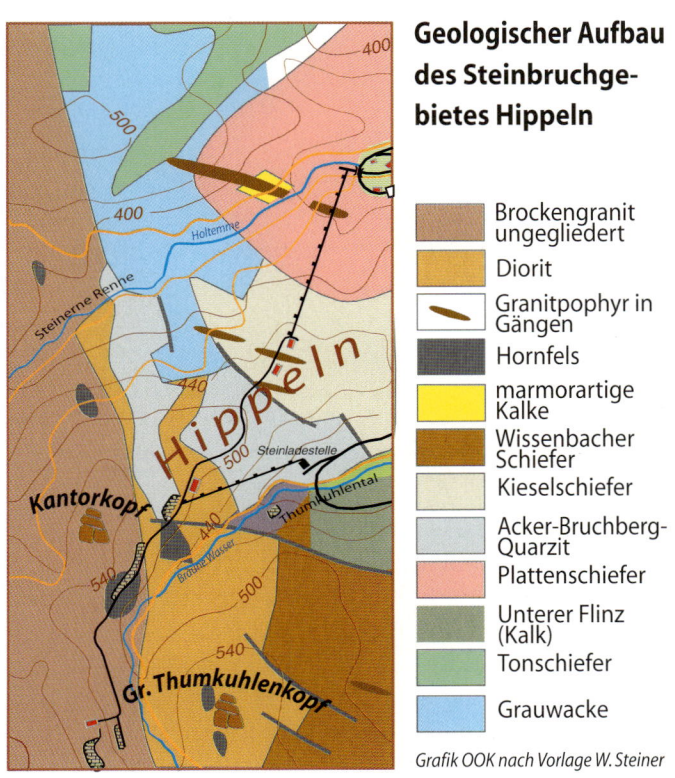

Geologischer Aufbau des Steinbruchgebietes Hippeln

- Brockengranit ungegliedert
- Diorit
- Granitpophyr in Gängen
- Hornfels
- marmorartige Kalke
- Wissenbacher Schiefer
- Kieselschiefer
- Acker-Bruchberg-Quarzit
- Plattenschiefer
- Unterer Flinz (Kalk)
- Tonschiefer
- Grauwacke

Grafik OOK nach Vorlage W. Steiner

Abb.4: Die Geologie des Harzes gilt als eine der interessantesten, aber auch kompliziertesten. Dieser Ausschnitt des von der Harzquerbahn erschlossenen Gebietes südwestlich von Wernigerode gibt einen kleinen Vorgeschmack, falls jemand sich näher mit der Harzgeologie befassen möchte.

und dem der Fa. Krieger im Behretal (s. Karte S. 13) die Abbaustellen auf dem Höhenzug Hippeln südwestlich von Wernigerode oberhalb des Thumkuhlentals. Hier handelte es sich nicht nur um einen einzelnen Bruch, sondern um ein langgestrecktes Abbaugebiet, dessen Brüche durch eine ca. zwei Kilometer lange elektrisch betriebene Feldbahn mit 600mm Spurweite untereinander und mit zwei Bremsbergen verbunden

Abb.5: Ja, das ist das obere Widerlager der in Abb.3 sichtbaren Überführung des Bremsberges über die Forststraße, aufgenommen im Herbst 2003. Nach links steigt die Trasse dann schnurgerade steil an bis zur „elektrischen Bahn". Foto: OOK.

Abb.3: Noch ist der Wald unterhalb der Trasse seit dem Bahnbau nicht wieder nachgewachsen, so dass der Blick auf den einzigen Tunnel des Harzer Meterspurnetzes frei ist. Also dürfte die Ansichtskarte aus den ersten Jahren des zwanzigsten Jahrhunderts stammen. Der Brecher und die Granit-Verladeanlage am NWE-Anschluss funktionieren bereits. Der Bremsberg ist etwas ungewöhnlich, verläuft doch die Trasse nicht - wie üblich - schnurgerade, und eine Ausweiche befindet sich fast am unteren Ende. Das läßt vermuten, dass es weiter oben eine weitere Ausweiche gibt, sonst funktioniert der Wagenumlauf nicht. Postkarte Slg Steimecke

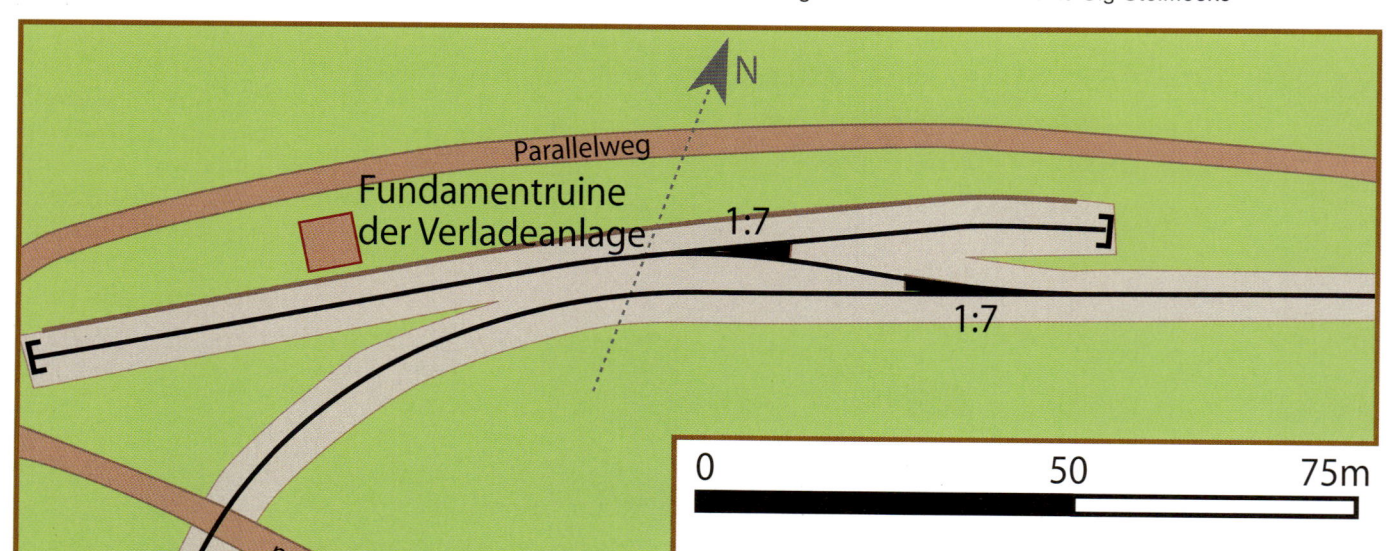

Abb.4: In den Bahnunterlagen der NWE fand sich wohl ein 1:1000 Plan der Gleisanlage im Thumkuhlental, aber leider ohne eingezeichnete Verladeanlage. Daher ist hier nur die vom Autor vermessene Fundamentruine des Brechers eingezeichnet. Der genehmigte Plan der Gleisanlage trug den Vermerk:
Weiche a wird als Schutzweiche ausgebildet, in der Art, daß der Weichenbock selbstthätig die Weiche auf das Stumpfgleis einstellt. Die Umstellung auf das Fahrgleis ist nur möglich, wenn und solange das volle Gewicht eines Menschen auf die Umstellvorrichtung wirkt; bei Heruntertreten erfolgt sofort selbstständige Rückstellung auf das Stumpfgleis.

waren. Bremsberge sind Standseilbahnen, die typischerweise schnurgerade trassiert sind, um die beladenen Fahrzeuge am Seil hinabrollen lassen zu können und die leeren Wagen mit Hilfe einer Haspel wieder hinaufzuziehen. Damit am umlaufenden Seil gleichzeitig ein Wagen zu Berg und einer zu Tal befördert werden kann, wird die Trasse meist dreischienig angelegt. An einer Ausweichstelle in der Mitte des Bremsberges erweitert sich das Gleis zu vier Schienen und erlaubt die Begegnung der Fahrzeuge. Das war lange Zeit eine vielfach gebräuchliche Methode, speziell im Bergbau, aber auch bei Waldbahnen im Gebirge, um Rohstoffe auf kurze

Abb.6: Aus Blickrichtung Süden, etwa vom Tunnel her, hat der Fotograf diese Ansichtskarte aufgenommen. Auf dem Ladegleis stehen offene Güterwagen zur Beladung bereit, der gemischte Zug führt einen weiteren Wagen mit. Ob er ihn hier aussetzen wird? Postkarte Slg Schlender

Entfernung einen großen Höhenunterschied überwinden zu lassen.

Die interessante Frage bei den Hippeln ist, wieso es gleich zwei Bremsberge sein mussten, einer ins Granitwerk am Bahnhof Steinerne Renne, der andere zur Ladestelle der Harzquerbahn im Thumkuhlental. Der Grund liegt vermutlich darin, dass das Werk Steinerne Renne den Stein formgebend verarbeitete, während die NWE ein Schotterwerk benötigte, für eigene Zwecke als auch zum Verkauf. So wurde im Thumkuhlental eine eigene Ladestelle und ein eigener Bremsberg errichtet.

Im gleichen Jahr, in dem die NWE ihren Betrieb aufnahm, also 1899, wurde die Aktiengesellschaft „Schotter- und Granitwerke Steinerne Renne" gegründet. Um den Bahnhof Steinerne Renne herum erfolgte zur Gewinnung von Baufreiheit ein großer Kahlschlag. Der Aufbau der Betriebsanlagen inklusive Bremsberg mit Seilzuganlage wurde noch im gleichen Jahr in Angriff genommen.

Das Werk erhielt einen Gleisanschluss an die Harzquerbahn, der kurz vor Beginn der Haarnadelkurve ausgefädelt wurde. Zur Energieversorgung, auch der Bremsberge und der elektrischen Bahn, wurde ein eigenes Wasserkraftwerk mit zwei Turbinen à 125 PS er-

Abb.7+8: In den entfärbten Ausschnittsvergrößerungen von Abb.3 und 6 lassen sich die Konstruktionen des Brechergebäudes und der Verladeanlagen sowie der Brücke über den Parallelweg besser erkennen. Leider gibt es keine Ansicht von Norden.

Abb.9: Die Nordseite der Sockelruine des Ladebunkers wurde rechtwinklig fotografiert und vermessen, um als Grundlage für eine Konstruktionszeichnung zu dienen. Auch ohne den Überbau ist diese schöne Granitkonstruktion ein wertvolles technisches Denkmal. Foto: OOK.

offiziell den Namen Kohlweg trägt, von Waldarbeitern jedoch immer noch „die elektrische Bahn" genannt wird, wegen der Schmalspurbahn, die einst auf dieser weitgehend ebenen Trasse fuhr. Jenseits des Weges oben am Hang sind noch die Fundamente der Seilzuganlage vorhanden.

Der zweite Bremsberg, der im Thumkuhlental, ist weniger gut auszumachen, auch wenn die Fundamente der ehemaligen Brecher-/Verladeanlage (Abb.9) sowie die Widerlager der Straßenüberführung den Anfang gut markieren. Die Ruine der Verladeanlage, selbstverständlich aus Granit, steht auf 381m ü.NN oberhalb der 70m langen Rampenmauer, unter der das Anschlußgleis lag. Trotz eifrigster Bemühungen der Autoren konnte

richtet. Das benötigte Wasser wird unterhalb des Wasserfalls am Hotel Steinerne Renne angestaut und durch Rohrleitungen mit 120m Gefälle den Turbinen zugeführt. Das Kraftwerk, ein schöner Backsteinbau, steht unter Denkmalschutz und liefert heute noch Strom. Die Trasse des Bremsberges der Granitwerke Steinerne Renne ist heute noch - ohne Schienen - vorhanden, wenn auch nicht so gut sichtbar wie in Abb. 3. Die dort sichbaren Brückenwiderlager stehen ebenfalls noch und machen es leicht, die Trasse im Hochwald zu finden. Am oberen Ende kreuzt dann der Forstweg, der

ca. 1:87

Abb.10: Versuch eines Aufrisses des Brechers auf der Basis der Fotos und der genommenen Maße des Sockels

◄──── 7,05m ────►

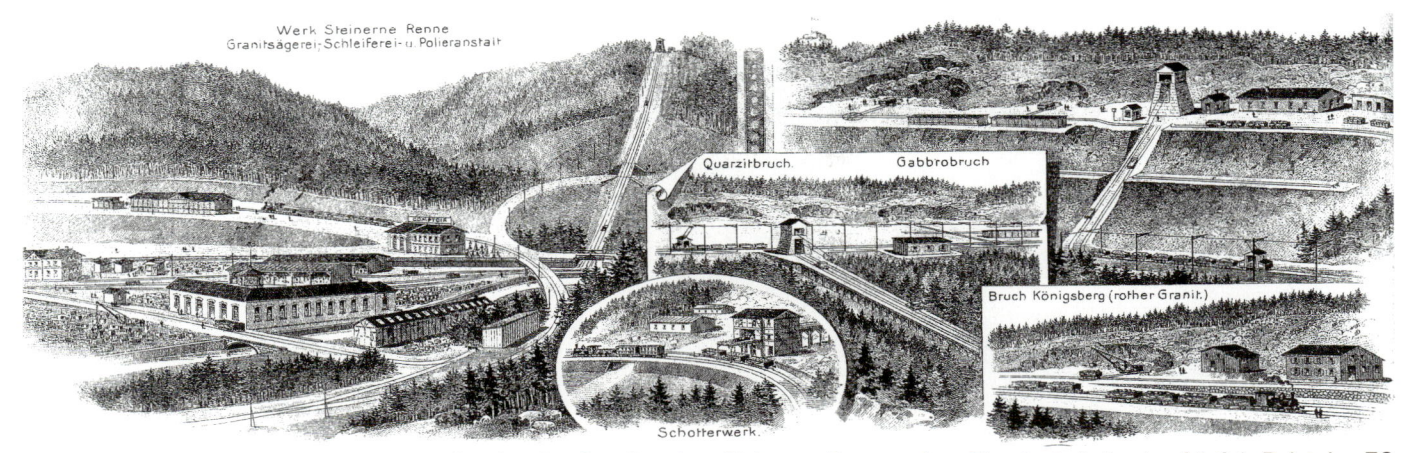

Abb.11: Wenn auch der Grafiker des Briefkopfes des Granitwerkes Steinerne Renne seiner Phantasie freien Lauf ließ (z.B. ist das EG von Steinere Renne mindest dreimal so groß wie in der Realität, und der Knacker im Thumkuhlental sieht auch anders aus als auf den Fotos), so erhalten wir doch einen Eindruck von den vielfältigen Anlagen, speziell von den Bremsbergen mit den zugehörigen Treibehäusern und der „elektrischen Bahn". Offenbar hat es noch einen dritten Bremsberg oberhalb der elektrischen Bahn gegeben (Grafik ganz oben rechts), die gar über zwei Abbausohlen ging. Grafik: Slg Steimecke

Abb.12: Von der Sockelruine aus geht der Blick hinüber zu den Resten des Widerlagers der hölzernen Brücke, über die die Steintransportwagen, die den Bremsberg herunter gekommen waren, in den Brecher gelangten. Fotos (3): OOK.

keine Zeichnung der Brecher-/Verladeanlage aufgetrieben werden, so dass versucht wurde, auf der Basis des Aufmaßes der Sockelruine und der historischen Fotos eine ungefähre Ansicht (Abb. 10) zu erstellen. Diese ist als Provisorium anzusehen und erhebt selbstverständlich keinen Anspruch auf Richtigkeit.

Noch steht auch die lange ebenfalls aus Granitblöcken bestehende Rampenmauer längs des ehemaligen Ladegleises. Die kürzlich erfolgte Aufstellung eines alten NWE-Schotterwagens - allerdings auf der Rampe statt unterhalb der Mauer - soll dem vorbeikommenden Touristen zeigen, welch wichtiger Wirtschaftszweig hier einst blühte.

Abb.12+13: Infolge starken Bewuchses ist die Rampenmauer vom Verfall bedroht. Noch aber kann die solide Konstruktion bewundert werden.

Harzer Schmalspur-Spezialitäten

Kap. IV

Ein Häuschen steht im Walde ganz still und stumm ...
Bahnhof Stöberhai der Südharzbahn

Abb.1: Es steht wirklich ganz einsam im Walde, das Stationshäuschen von Stöberhai. Hier sagen sich die sprichwörtlichen Füchse Gute Nacht, aber es gibt auch Wildschweine, Rehe und Hirsche sowohl bei der Wildfütterung zu beobachten als auch auf der Speisekarte der Bahnhofswirtschaft. Ab und an kommt sogar ein Zug. Postkarte Slg OOK.

Stöberhai ist der Name einer 700m hohen flachkuppigen Erhebung im Südharz zwischen Oderstausee und Wieda. Bis in die Sechzigerjahre stand dort oben ein prächtiger hölzerner Hotelbau, der dann abbrannte, oder, wie die Einheimischen sagen, warm abgebrochen wurde. Heute zeugt auf dem Stöberhai ein verlassener Turm des Nato-Frühwarnsystems davon, dass Osten und Westen einst einander nicht mochten.

Dass die Südharzbahn eine Station mit dem Namen Stöberhai einrichtete, war wohl weniger planvolle Absicht als Ausnutzung eines Zufalleffektes. Das Wiedatal ist zu steil, um in normaler Trassierung mit Steigungen unter 40‰ bezwungen zu werden. Daher wurden einige Längenentwicklungen eingebaut, die bei weitem nicht so spektakulär waren wie die der Albulabahn, eher romantische Abstecher in die dunklen Harzwälder. Das Weinglastal ist ein rechtes, also westliches Seitental des Wiedatales. Die Trasse der SHE bog mit 33‰

Abb.2: Vergrößerter Ausschnitt aus der Karte des Wiedatales S.19. Die SHE machte den Umweg durch das Weinglastal nicht wegen der kaum frequentierten Station, sondern fuhr das Tal aus, um Höhe zu gewinnen und dann ins Wieda-Haupttal zurückzukehren. Da für die Haarnadelkehre am Ende der Umfahrung nicht genügend Platz war, musste für sie ein tiefer Einschnitt gesprengt werden.

Südharz - Weinglasstal mit Bahnhof Stöberhai

Abb.3: Hier sieht man, was es bringt, so ein Seitental auszufahren. Links unten kommt die Trasse von Wiedaerhütte, rechts geht sie - nun schon um viele Meter höher - weiter in Richtung Kaiserweg und Braunlage. Der talfahrende PmG führt, wie so häufig, einige beladene Trichterwagen mit. Postkarte Slg Haßelmann

in dieses Tal ein, durchfuhr nach ca. einem Kilometer eine Kehre mit 60m Radius, um dann auf der anderen Talseite, weiterhin mit 33‰ steigend und schon viel höher, wieder das Haupttal zu erreichen.

Und genau am Ende dieser Ausfahrung hat man in verminderter Steigung eine kleine Station angelegt, die man in einer Art Verlegenheitslösung nach der noch eineinhalb Kilometer entfernten Bergkuppe *Stöberhai* benannte. Keine menschliche Ansiedlung weit und breit, nur die Hasen und Füchse sagen sich hier Gute Nacht.

Zunächst wurde ein kleines pavillonartiges Stationsgebäude mit Restauration (Abb.1) errichtet. Eine Zeichnung dieser Ursprungsversion findet sich in *Die Harzer Schmalspurbahnen* von Röper/Zieglgänsberger. Die Gegend scheint recht feuergefährlich, denn auch dieser hübsche Pavillon brannte eines Nachts ab und musste durch das noch heute dort stehende massive Gebäude mit Bahnhofswirtschaft ersetzt werden.

In späteren Jahren - genaues Datum unbekannt - wurde Stöberhai zur Kreuzungsstation ausgebaut. Das war nicht so ganz einfach, da die 180°-Kehre weitgehend

Abb.4: Ein kleiner Pavillon war das ursprüngliche Empfangsgebäude von Stöberhai, wo eine SHE Jung-Mallet mit tiefliegendem Kessel gerade von Braunlage kommend einfährt. Eine Bahnhofswirtschaft gab es damals schon, und der Bahnsteig hatte bereits Biergartenfunktion. Foto: Slg OOK.

im Einschnitt verlief und nur 60m Radius hatte. Ein zweites Gleis wäre nur an der Aussenseite des Bogens möglich gewesen, wo jedoch der Berg schon wesentlich höher anstand. Daher war es nicht möglich, das Ausweichgleis so anzulegen, dass das Empfangsgebäude sich wie üblich etwa in der Mitte der Station befunden

Harzer Schmalspur-Spezialitäten

Abb.5: Der Güterzug nach Braunlage ist vor der Trapeztafel zum Halten gekommen, die man durch den rechts von der Lok aufsteigenden Dampf schimmern sieht. Das muss nicht unbedingt Zugkreuzung bedeuten. Dies ist auch der beste Standplatz für die Lok, wenn das Personal sich in der Bahnhofswirtschaft erfrischen will. Foto: Spühr

hätte; man baute die untere Weiche gleich hinter dem Gebäude ein und verbreiterte das im Berghang verlaufende S-kurvenförmige Trassenplanum in Richtung Braunlage. Die Weiche am oberen Ende des Ausweichgleises war vom Stationsgebäude aus nicht mehr einsehbar. Da diese Weiche schon voll in der 33‰-Steigung lag, wollte man natürlich vermeiden, dass Züge vor dieser bei falscher Stellung anhalten mussten.

Die Fa. Hermann Bachstein, der die Südharzbahn gehörte, sonst eher für Knauserigkeit bekannt, installierte eine Fernstellmöglichkeit für diese abgelegene Weiche. Es wurde ein „Stellwerk" eingerichtet, mit dem die obere Weiche vom EG aus zu stellen war. Und dieses Stellwerk ist - zumindest für deutsche Verhältnisse - eine Besonderheit: Mittels eines freistehenden Stellwerkshebels wurde die Weiche über ein Gestänge gestellt und konnte dadurch auch vom EG aus in Grundstellung verschlossen werden. *Forts. S.40*

Abb.6: Der bergwärts fahrende T 02 ist mit seinem angehängten G-Wagen in das Ausweichgleis eingefahren, wo er die Kreuzung mit dem Gegenzug abwarten wird. Rechts ein Stück der Gestängeleitung zur oberen Weiche. Foto: Lehne, Slg Kindermann

Abb.7: Typisch für die letzten Betriebsjahre: der T 02 solo - und keine Menschenseele. Foto: Detlev Luckmann

Abb.8: Gestängeweichenhebel Bauart Max Jüdel für Montage am Erdboden, Maßstab 1:22,5 und 1:45*.

*Umkopierprozentzahlen für andere Maßstäbe s.S.96

Abb.9+10: Eine Spezialität der SHE war diese Weichenhebelkombination: ein normaler Weichenhebel für die untere Weiche des Kreuzungsgleises, ein Gestängehebel für die obere. Foto rechts: Spühr, Foto unten: H.O. Kindermann

Harzer Schmalspur-Spezialitäten

37

Abb.11: Aus der Schatzkiste der Postkartensammlung Detlef und Joachim Haßelmann stammt diese spannende Aufnahme eines weiteren Pmg mit zwei beladenen Selbstentladewagen (vgl. Abb.3). So tief wie hier musste der Einschnitt um die ganze Haarnadelkurve herum gesprengt werden.

Wäre zu fragen, ob die SHE diese Kreuzungsmöglichkeit im tiefen Walde denn benötigte. Der im genannten Buch von Röper/Zieglgänsberger abgedruckte Fahrplan von 1923 weist zumindest zwei Kreuzungen in Stöberhai auf: Um 13.05/13.06 kreuzen die Züge 3 und 4, um 19.05/19.06 die Züge 7 und 8. Im Kursbuch Sommer 1938 hingegen sind zwar genauso viele Reisezüge zwischen Walkenried und Braunlage verzeichnet, jedoch keine Kreuzung mehr in Stöberhai.

Allerdings wurden in den Zwanzigerjahren, wie zum Beispiel aus Abb. 11 ersichtlich, die Güterwagen noch den planmässigen Personenzügen mitgegeben, also PmG gefahren, während 1938 schon reine Güterzüge fuhren, deren Fahrzeiten uns das Kursbuch nicht verrät - irgendwelche anderen Unterlagen leider auch nicht.

Wenn aber Harald Kindermann den Gestängeweichenhebel zum Fernstellen der oberen Weiche noch 1962, also ein Jahr vor der Betriebseinstellung - offenbar noch voll funktionsfähig - ablichten konnte, dann kann man davon ausgehen, dass in Stöberhai zu der Zeit, zumindest fallweise, noch gekreuzt worden ist, was Abb.6 auf Seite 38 ja auch belegt.

Abb.12: Obwohl jedermann leicht die Kante des Einschnittes erklimmen konnte, gibt es kaum Aufnahmen des Stationsgebäudes aus dieser Perspektive. Sie verrät uns jedoch manches Detail der gleisseitigen Front des Gebäudes und gibt besser Aufschluss über die Einschachtelung des Zwischentraktes (mit Dienstraumtür) zwischen Hauptgebäude und Gastwirtschaft als die Zeichnungen auf den folgenden Seiten. Foto: Slg Dörner

Das Empfangsgebäude von Stöberhai ist ein quadratischer Bau mit einem aus Bruchsteinen gemauerten Erdgeschoß sowie einem Obergeschoß, dessen Fachwerk in typisch Harzer Manier mit Brettern und Fugenleisten verkleidet ist.

Das Planum des Bahnhofes ist teils durch Abtragen des Hanges, teils durch Anschütten hergestellt worden und war zu schmal, um nach dem Brand das neue breitere Gebäude aufzunehmen. Dessen Fundament und Kellergeschoss wurden daher in die steile Böschung hineingebaut, so dass das Gebäude an der gleisabgewandten Seite um ein Stockwerk höher wirkt.

Für die Bahnhofsgaststätte wurde ein eingeschossiger Bau errichtet, der mit dem EG durch ein kurzes Zwischenbauwerk verbunden wurde. Das ist im Grundriss und in Abb. 12 erkennbar. Die Bahnhofsgaststätte ist übrigens heute noch in Funktion. Ob der Wildschwein- und Rehbraten noch so gut ist, wie in früheren Zeiten, als der Autor hier häufiger einkehrte, muss der geneigte Leser selbst herausfinden. Nicht übersehen sollte man auf alle Fälle die in einer Ecke der Gaststube ausgestellten alten Bilder aus der Zeit, als die Südharzbahn noch fuhr.

Abb.13: Noch weniger als die Bahnssteigseite ist die Rückfront des Stationsgebäudes fotografisch belegt, einfach, weil hinter demselben das Gelände steil abfällt und Aufnahmen nur von weit unten oder von der gegenüberliedenden Hangseite gemacht werden können - und dank Wald relativ wenig zeigen. Während das Hauptgebäude auf dieser Aufnahme aus den Neunzigerjahren noch unverändert scheint, sind Gaststätte und Zwischentrakt bereits „modernisiert" worden. Foto:OOK.

Abb.14 (rechts): Zwar besaß die SHE Schemelwagen zum Verladen von Langholz, aber Stöberhai hatte keine befahrbare Ladestraße, so dass die langen Fichtenstämme nicht erst in den letzten Betriebsjahren der Bahn, sondern schon immer mit Vierbeinern ins Tal befördert werden mussten. Foto: Slg Haßelmann

Abb.15: „.... und keine Menscheseele" stand in der Bildunterschrift zu Abb. 7. Nun, auf dem Bild unten geht es belebter zu, es dürfte aber auch vierzig Jahre älter sein. Da wird offensichtlich jemand zum Zug nach Braunlage verabschiedet, der mit voll geöffnetem Regler bis zum Bahnsteiganfang donnern muss. Foto: Slg Haßelmann

Harzer Schmalspur-Spezialitäten

Für den **Mittelpuffer** gezeichnet von **Meinhard Döpner**

Bhf Stöberhai der Südharzbahn
Südseite

40 Harzer Schmalspur-Spezialitäten

M 1:87*
Grundriss ohne Maßstab

Gleisseite

Gaststätte | EG

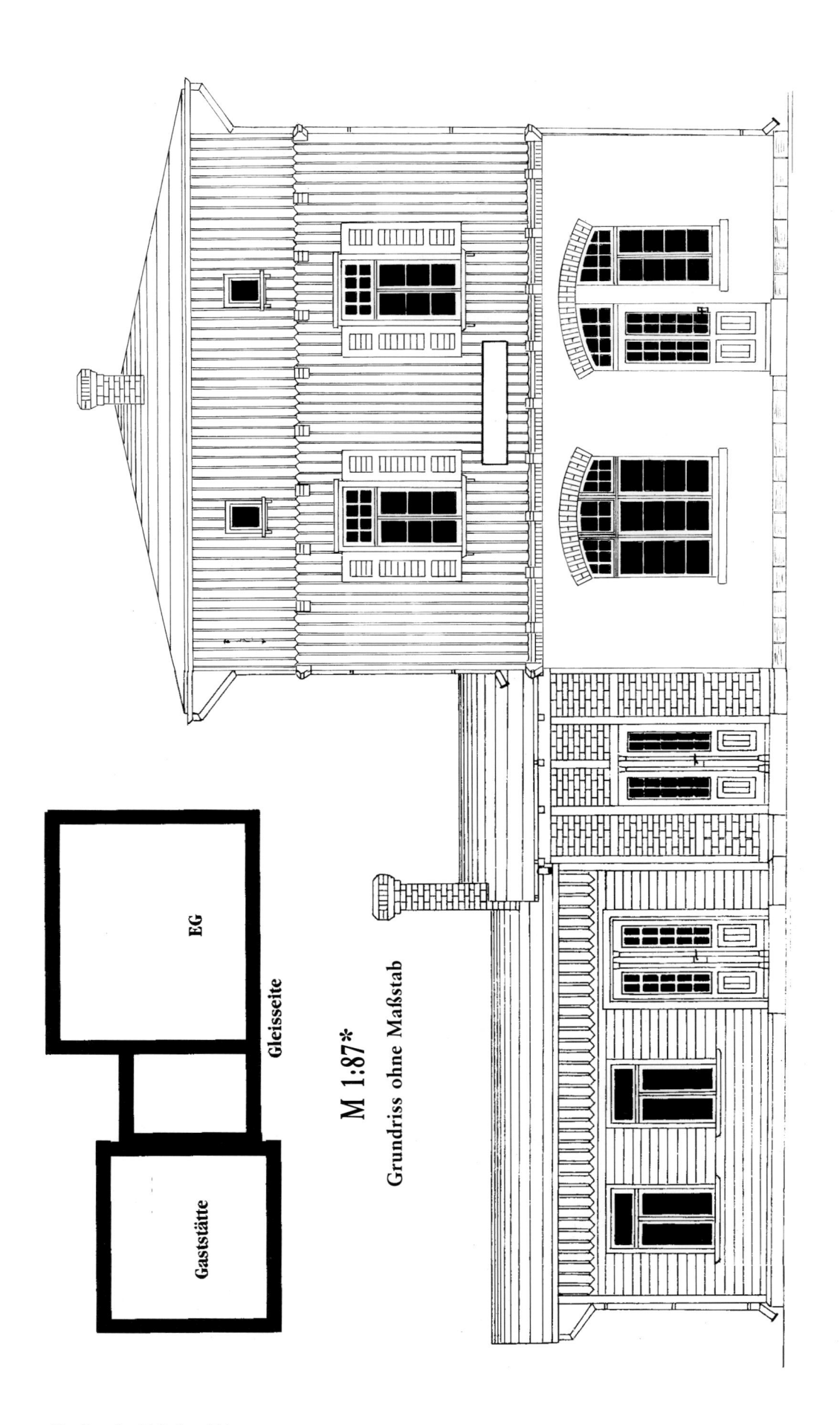

*Umkopierprozentzahlen für andere Maßstäbe s.S.96

Harzer Schmalspur-Spezialitäten

Bhf Stöberhai der Südharzbahn

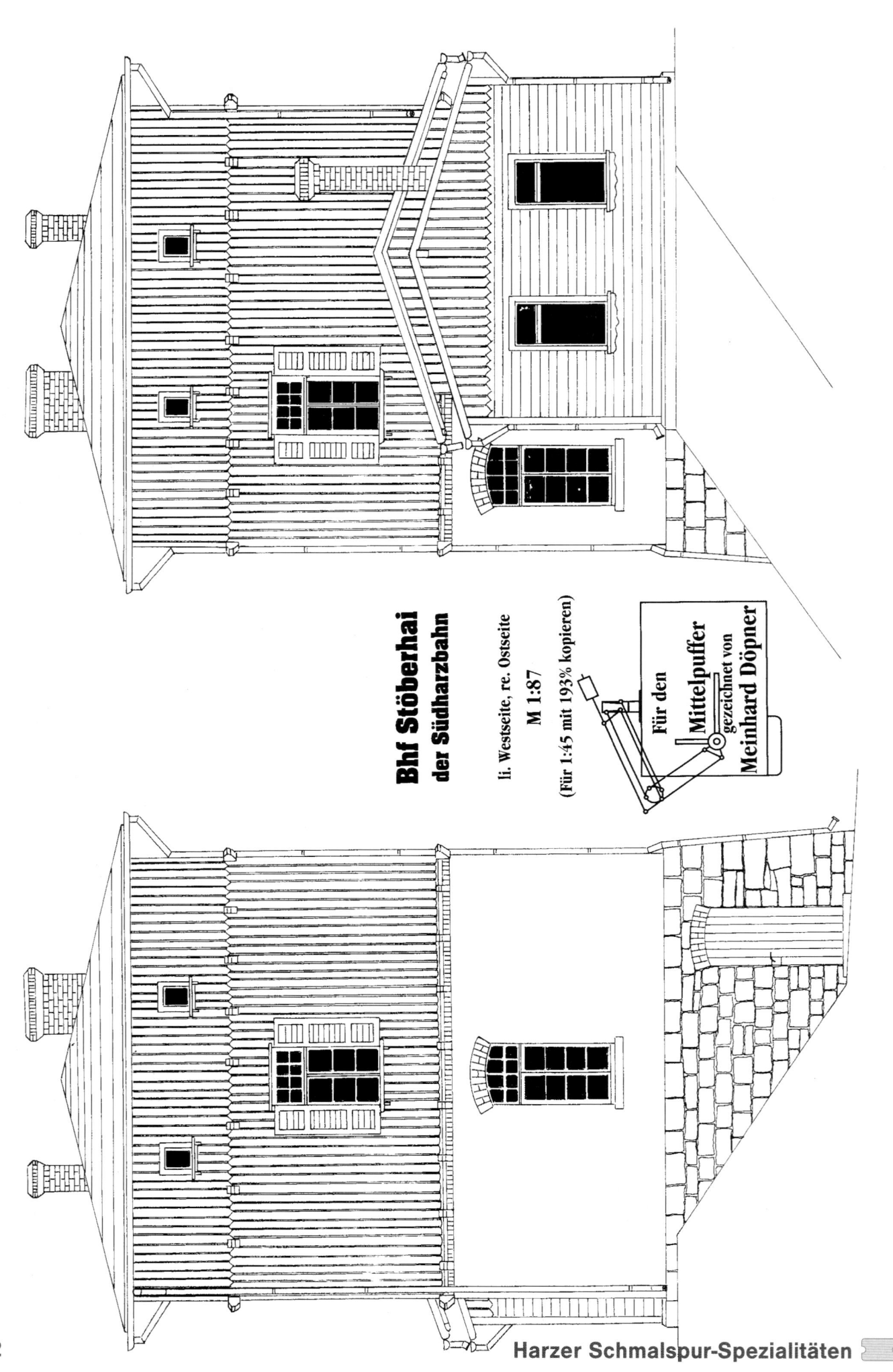

li. Westseite, re. Ostseite

M 1:87

(Für 1:45 mit 193% kopieren)

Für den **Mittelpuffer** gezeichnet von **Meinhard Döpner**

42 Harzer Schmalspur-Spezialitäten

Die 99 5811 von 1887 stammt aus der Erstausstattung der Selketalbahn und trug damals den Namen *Gernrode*. Nach der Demontage und dem Wiederaufbau nach dem Kriege war sie erneut Erstausstattung, denn sie war als einzige originale GHE-Lok übrig geblieben. Hier hat der bekannte Eisenbahnmaler Peter König aus Aue sie bei Drahtzug zu Beginn der herbstlichen Laubfärbung verewigt.

Harzer Schmalspur-Spezialitäten

Kap. V
Der alte Knacker vom Wurmberg
Steinbruch, Glashütte und drei Sägewerke:
Die Wurmbergstrecke der Südharzbahn

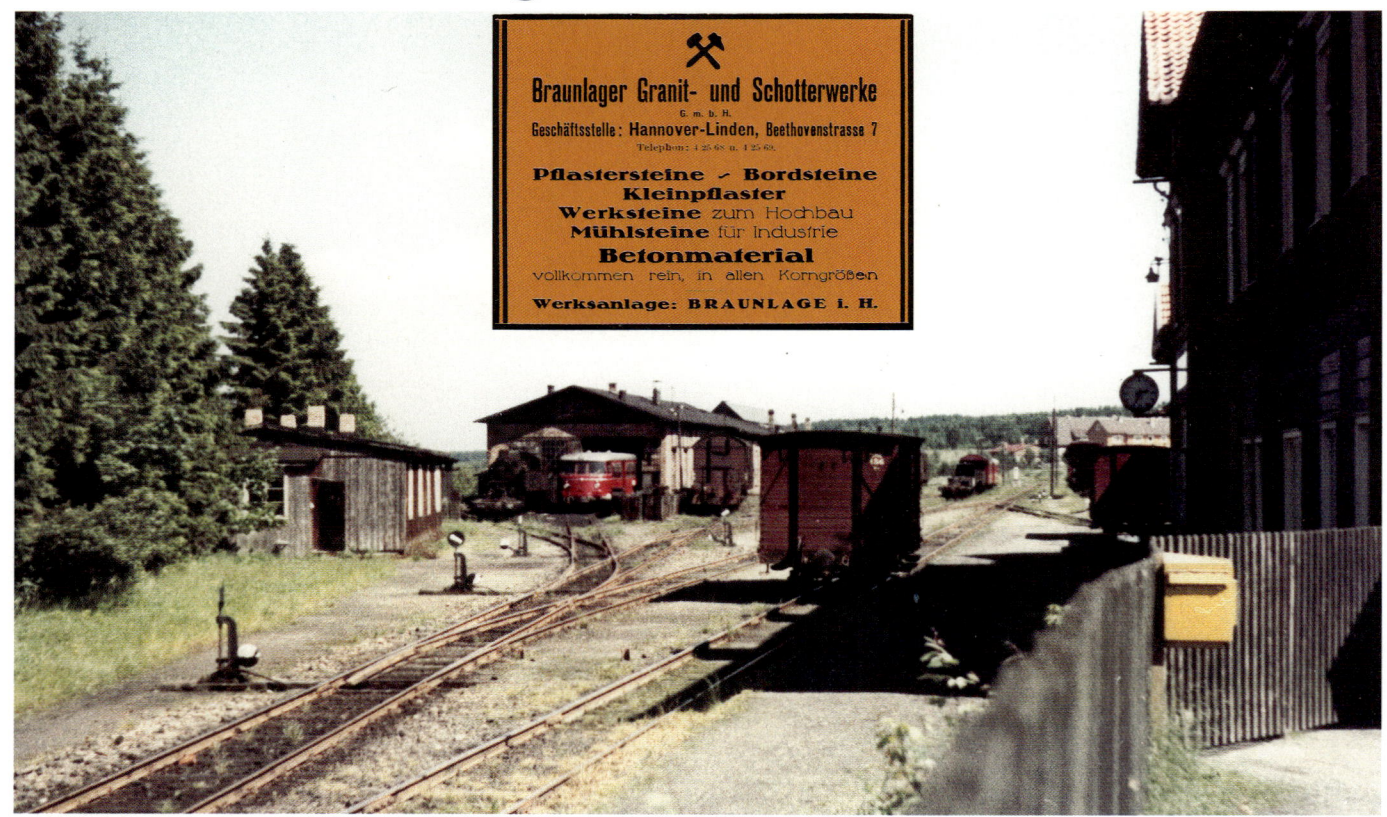

Abb.1+2: Der Bahnhof Braunlage kurz vor Betriebseinstellung (1963). Da steht noch der Stückgutwagen, den der Triebwagen mitgebracht hat, um mit Expressgut beladen zu werden. Aber sonst herrscht eine beängstigende Ruhe. Fotos (2): G. Knoke

Die Wurmbergstrecke der Südharzbahn
Im Gegensatz zur berühmten Brockenbahn, die als echte Gebirgsbahn bis auf den Brockengipfel führt, endet die sogenannte Wurmbergstrecke der SHE am westlichen Fuße des namensgebenden Berges. Auch hat sie nie Touristen befördert. Dennoch hat die Bahn eine besonders spannende Betriebsgeschichte.

Bereits beim Bau der Südharzbahn-Stammstrecke von Walkenried nach Braunlage sowie der Zweigstrecke Brunnenbachsmühle - Tanne wurde nach Möglichkeiten gesucht, dieser für die Braunlager Wirtschaft so wichtigen Verbindung eine hohe Rentabilität zu verschaffen. Durch die Anlage von Steinbrüchen sollte die Bahn mit zusätzlichem Frachtaufkommen versorgt werden. Noch vor der Erschließung der SHE-Steinbrüche bei Sorge und bei Brunnenbachsmühle pachtete die Firma Hermann Bachstein, Aktionärin und Betriebsführerin der Südharzbahn, von der Forstverwaltung den schon vom Erbauer der Bahn Louis Degen konzipierten Steinbruch am Wurmberg, wo Granit und teilweise Hornfels ansteht.

Mitten durch den Kurort
Um diesen Bruch an die SHE anzuschließen, war eine 3,5 km lange Anschlußstrecke projektiert, die mitten durch den Ort Braunlage führen sollte. Dies stieß auf regen Widerstand der Braunlager Bevölkerung. Die einen fürchteten Rauch- und Lärmbelästigung, die anderen sahen Kinder auf ihrem Schulweg gefährdet, da die Trasse direkt an der Schule vorbeiführen sollte. Nicht zuletzt fürchtete man um den seit einigen Jahren aufblühenden Fremdenverkehr, dem die Anschlußstrecke im Gegensatz zur SHE selbst keinerlei Nutzen bringen würde. Aber alle Klagen konnten abgewiesen werden,

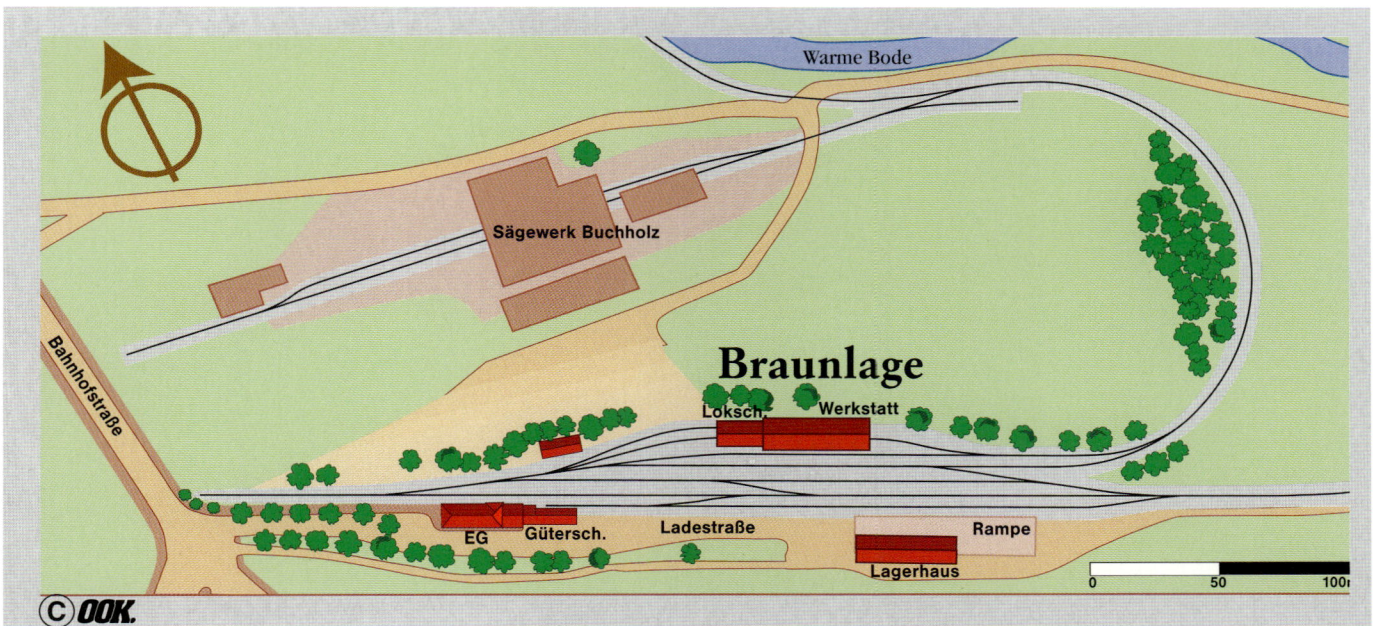

Abb. 3: Der Verlauf der Gleise im Bereich des Bahnhofes Braunlage könnte der Phantasie eines Modellbahners entsprungen sein. Die Haarnadelkehre war indes notwendig, um die Anschlussbahn in Richtung Wurmberg auszufädeln.

Abb. 4: Man meint regelrecht das Pfeifen der Spurkränze zu hören, wenn man diese scharfe Bogenweiche in der Einfahrt Braunlage von der Wurmbergstrecke aus sieht. Der äußere Bogen hat einen Radius von 80m.

Abb. 5: Braunlage war Ende des neunzehnten Jahrhundert bereits ein bekannter Kurort, der zwar einen Bahnanschluss wünschte, jedoch keine Strecke durch den Ort. Allen Protesten zum Trotz wurde die Anschlussbahn zum Wurmberg dennoch mitten durch das schicke Kurviertel Braunlages gebaut. Foto: Slg. Dörner

und die Strecke wurde wie geplant verwirklicht, und als letzte der SHE am 1. November 1899 eröffnet.

Bahnhof Braunlage wird Spitzkehre

Da das Gelände hinter dem Kopfbahnhof Braunlage (548m über NN) relativ steil ansteigt, war es nicht möglich, die Wurmbergstrecke direkt als Verlängerung der von Südosten kommenden Hauptstrecke zu trassieren. Vielmehr musste sie ebenfalls nach Südosten aus dem Bahnhof heraus geführt werden, um dann sogleich in einer Haarnadelkurve (vgl. Abb. 3+4) mit 80 m Radius um 180° nach Nord-

Abb. 6: Bei der kleinen Krauß-Lokomotive handelt es sich um eine der beiden Bn2t-Maschinen, die beim Bau der Südharzbahn und - wie man sieht - auch der Wurmbergstrecke eingesetzt wurden. Hier macht das Personal an der bekannten Steinsklippe, auf die die Kurgäste so gern hinauf steigen, eine Pause. Die zur Fuchsfarm führende Wietfelder Straße quert hier Bahntrasse und Fluß. Foto: Slg. Dörner

Harzer Schmalspur-Spezialitäten

Abb. 7: Eine riesige „Kiste" war die Kistenfabrik (Sägewerk Fuchs) mitten in Braunlage, die einen eigenen Anschluss mit zwei Weichen an der Wurmbergstrecke besaß. Mitte der Fünfzigerjahre musste sie jedoch den Betrieb einstellen, wieder ein guter SHE-Frachtkunde weniger. Heute befindet sich an dieser Stelle der große Parkplatz für Wurmberg-Seilbahn und Eisstadion. Foto. Slg. Dörner

Abb. 8: Oberhalb der Kistenfabrik Fuchs verlief die Trasse ein Stück parallel zur Harzburger Straße; im Hintergrund Achtermannshöhe (925m). Slg. D. u. J. Haßelmann

Abb. 9: Von der im Vordergrund vorbei führenden Wurmbergstrecke zweigte der Anschluss zur Glashütte als Rückdrückgleis ab und überquerte die Bode auf einer Steinbogenbrücke. Foto: Slg. OOK

westen gewendet zu werden, damit sie etwas später ihre eigentliche Richtung, nämlich nach Norden, einschlagen konnte. Der Bahnhof Braunlage war so - zumindest für den Steinverkehr - zu einer Spitzkehre geworden.

Immer an der Warmen Bode entlang

Die Trasse folgte nun der Warmen Bode aufwärts, um diese nach einigen hundert Metern auf einer Eisenbrücke zu überqueren. Am Kurparkteich mit seinen Gondeln, Schwänen und Enten entlang führte die Trasse sodann auf einer hohen Naturstein-Ufermauer parallel zur Bode bis zur Schule. Gleich darauf wurde parallel zum Bach die Straße nach Elend, die hier Elbingeröder Straße heißt, überquert, ein Bahnübergang, der Zeit seines Bestehens Anlaß zu Streit gab. Er wurde am 14. August 1925 Schauplatz eines Unfalls zwischen einem Omnibus und einem Zug, wobei der Omnibus und ein offener Güterwagen über die Ufermauer der Bode geschleudert wurden, jedoch an der Mauer hängen blieben, so daß größeres Unheil vermieden wurde.

Nun verlief die Bahnstrecke über die Bodewiesen, bis dorthin, wo das Tal deutlich enger wird. Am nördlichen Ortsende von Braunlage machte die Trasse, immer dem Bodelauf fol-

Abb. 10: Vor das wunderschöne alte Gemälde der Glashütte aus der Zeit vor dem Bahnbau, das zu den Schätzen im Heimatmuseum Braunlage gehört, hat der MP-Künstler (Falóo) einen bergwärts fahrenden Leerzug der SHE mit Lok 56 und Ot-Wagen „gezaubert".

gend, um den Pfaffenstieghügel herum einen Rechtsbogen. Am Ende dieses Bogens wurde ein Anschluß zur alten Glashütte ausgefädelt, die jedoch am anderen Ufer lag. Daher wurde - nach den gleichen Plänen wie die Brücke bei Voigtsfelde an der Tanner Strecke - eine gefällige Steinbogenbrücke errichtet, die heute noch vom Wanderweg zu den Bodefällen aus zu sehen ist.

Güterbahnhof Wurmberg

Nach Überquerung der Großen Bode-straße, im Volksmund auch Brockenweg genannt, erreichte die Trasse nach wenigen hundert Metern den 618m über NN gelegenen Güterbahnhof Wurmberg. Damit war insgesamt ein Höhenunter-

Abb. 11: Es gibt sie heute noch, die Steinbogenbrücke, und sie ist vom Bodetal-Wanderweg aus gut zu sehen. Im Gegensatz zur gleichartigen Brücke bei Voigtsfelde an der ehemaligen Tanner Strecke liegt auf dieser schon lange kein Gleis mehr. Foto: OOK

Harzer Schmalspur-Spezialitäten

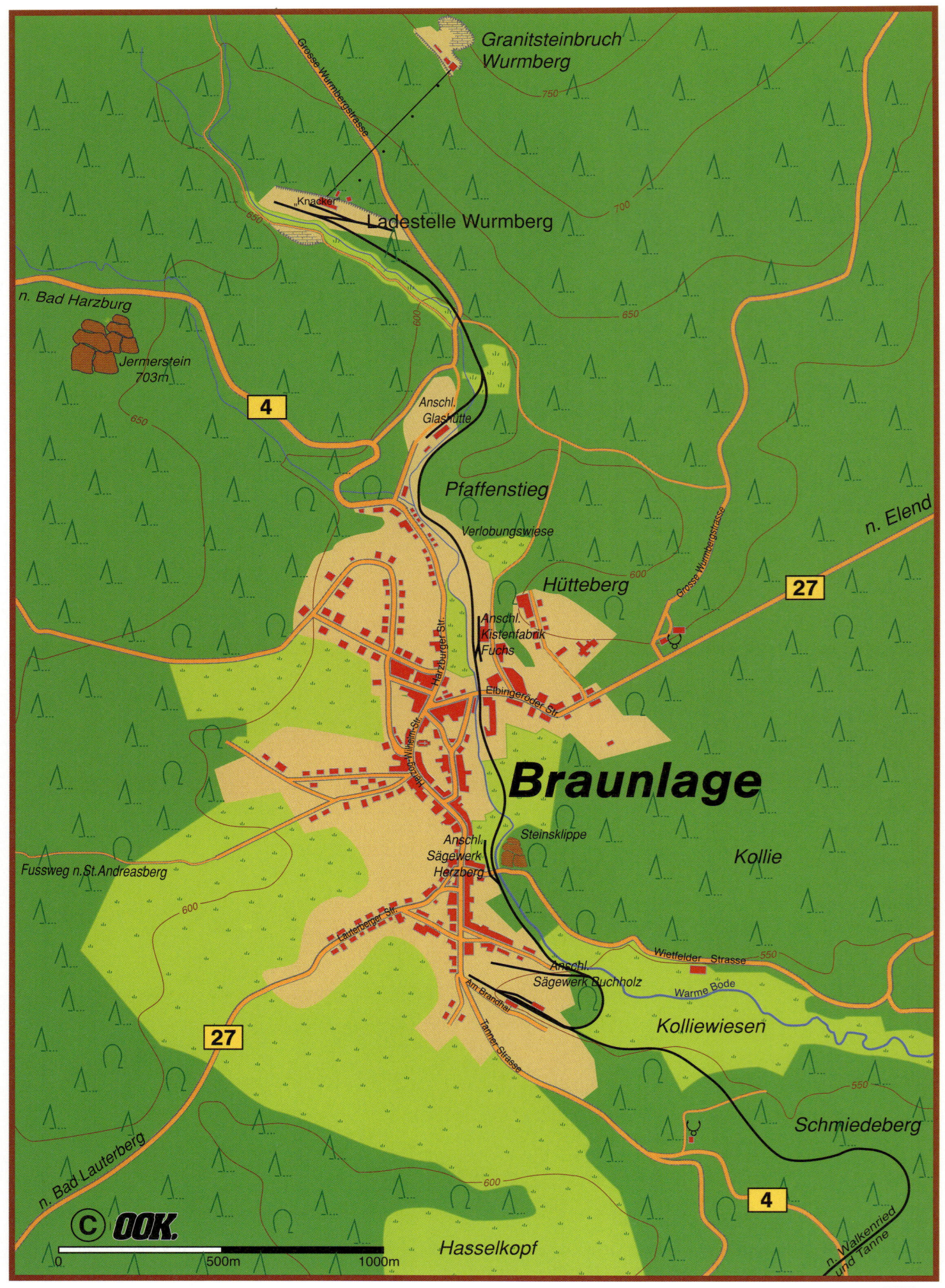

48 Abb. 12: Braunlage ca. 1950 mit Wurmbergstrecke im Maßstab 1:15000. **Harzer Schmalspur-Spezialitäten**

Abb. 13: Unverkennbar: Knapp fünfhundert Meter vor der ehemaligen Ladestelle Wurmberg ein SHE-Kilometerstein mit der typischen Zahl im gelben schwarzgeränderten Kreis. Er beweist noch 1990, dass hier einmal die Anschlussstrecke der Südharzbahn verlief. Foto: OOK

schied von 70 m überwunden, macht bei 3,5 km durchschnittlich 20‰. Damit das Ladegleis in der Waagerechten liegen konnte, hatte man dieses sowie auch das zugehörige Umsetzgleis als Rückdrückgleise angelegt. In der Literatur wurden auch schon umfangreichere Gleispläne veröffentlicht, auch mit Bahnsteiggleisen, doch das waren gewiss nur Projekte.

Abb. 14: Ob diese erste Materialseilbahn am Wurmberg mit ihren Holzjochen genauso „wunderbar zusammenbrach", wie die im Film *Alexis Sorbas*, wissen wir nicht. Auf jeden Fall wurde sie bald einmal durch eine solide stählerne Konstruktion ersetzt. Von der existieren keine Bilder, aber die Fundamente der Masten sind noch im Wald zu finden. Foto: Slg. Heimatmuseum Braunlage

Abb. 15: Ende der Sechzigerjahre sind die alten SHE-Gleise bereits überwuchert, aber der alte Knacker funktioniert noch, auch wenn hier nur noch Lkw beladen werden. Harald O. Kindermann hat wieder einmal das fotografiert, was viele Eisenbahnfotografen übersehen haben und was uns heute so brennend interessiert.

Harzer Schmalspur-Spezialitäten

Rutsche, Seilbahn und „Knacker"

Die ursprünglichen Ladeeinrichtungen, von denen uns leider kein Bild bekannt ist, wurden von dem achtzig Meter höher am Berg liegenden Steinbruch mittels einer einfachen hölzernen Rutsche beschickt.

Aber das Gelände war eigentlich für eine solche reine Schwerkraftbeförderung nicht steil genug, das Gestein rutschte nur sehr widerwillig herunter und musste ständig arbeitsaufwändig wieder in Fahrt gebracht werden. Daher wurde 1920/21 im Zusammenhang mit einer Erweiterung der Lade- und Gleisanlagen auch die Rutsche durch eine Materialseilbahn mit hölzernen Jochen ersetzt (Abb.14). Diese wackelige Konstruktion wiederum wurde in späteren Jahren zu einer ordentlichen Seilbahn mit stählernen Gittermasten umgebaut, deren Fundamente noch heute im Wald zu finden sind. Anfänglich wurde das Gestein im SHE-eigenen Schotterwerk in Walkenried weiterverarbeitet (von dem wir noch Aufnahmen suchen), aber 1925 errichtete der Steinbruchbetreiber am Güterbahnhof Wurmberg ein eigenes Schotterwerk mit Brecher, der aber im Braunlager Volksmund nur „Knacker" genannt wurde, wohl wegen der lauten Knackgeräusche, die man beim Vorbeiwandern hören konnte. Vermutlich wurde das Gestein in den ersten Jahren in ganz regulären O-Wagen abgefahren, aber 1903 wurden dreizehn Selbstentladewagen von Orenstein & Koppel abgeliefert, mit denen der Steintransport wesentlich rationeller abgewickelt werden konnte. (s. Kap. X ab Seite 72)

Neue Anschließer

Bei Eröffnung der Anschlussbahn gab es nur drei Kunden, den Steinbruch, das Sägewerk Fuchs und die Glashütte, die schon lange vor dem Bahnbau existiert hatte. Das Sägewerk Fuchs (Kistenfabrik) brannte im Dezember des Eröffnungsjahres der Strecke ab. Bis zum Wiederaufbau dieses für Ort wie Bahn bedeutenden Werkes fiel diese eingeplante Fracht leider aus. Dabei blieb es jedoch nicht. Bereits 1905 stellte die Glashütte den Betrieb ein, und das Sägewerk Buchholz, das sich zu einem guten Kunden der Südharzbahn entwickeln sollte, siedelte sich auf dem Areal an. Das kleinere Sägewerk Herzberg, in der Braunlager Ortsmitte gegenüber der Steinsklippe an der Wiethfelder Straße gelegen, das beim Bau der Bahn nicht zu einem Gleisanschluß zu überreden gewesen war, besann sich 1915 eines Besseren und erhielt doch noch ein Anschlussgleis. Das Sägewerk Buchholz musste 1929 umziehen, als die Stadt Braunlage auf dem alten Glas-

Abb. 16: Die Abbau- und Verarbeitungstechniken am Wurmberg waren primitiv. Dieser Dieselbagger dürfte schon zu den modernsten Errungenschaften gehört haben.

Steinbruch Wurmberg

Abb. 17: 700m über NN und achtzig Meter über dem Niveau des Güterbahnhofs Wurmberg befand sich die untere Sohle des Steinbruchs mit ausgedehnten Gleisanlagen.

Abb. 18: Der Steinbruch gab vielen Braunlager Männern Brot, doch die Arbeit war hart. Weitere Braunlager arbeiteten im Steinbruch Knaupsholz an der Brockenbahn, wohin sie täglich marschieren mussten. Alle Fotos auf dieser Seite: Slg. Heimatmuseum Braunlage

Abb. 20: Und so zeigt sich die ehemalige Abbaukante des Wurmberg-Steinbruches heute. Gelblich rot steht hier das Gestein an. Aber der Wurmberg-Steinbruch teilt das Schicksal so vieler Steinbrüche im Harz: veränderter Geschmack, Mode und Anspruchsdenken haben dazu geführt, dass man Granit etc. heute lieber aus Schweden oder gar Südostasien einführt. Foto: OOK

hüttenareal das Waldschwimmbad baute, und siedelte sich nun in unmittelbarer Nähe des Bahnhofes an, gleich am Ende der engen Haarnadelkurve, mit der die Wurmbergstrecke beginnt.

Auffällig ist hier das Schutzgleis (s. Plan des Bahnhofes Braunlage S. 45), das das unkontrollierte Einlaufen von Wagen in die Strecke verhindern sollte. Auffällig deshalb, weil ein solcher Aufwand bei Klein- und Schmalspurbahnen selten betrieben wurde und in diesem speziellen Fall auch deshalb, weil es sich bei der „Strecke" lediglich um eine Anschlußssbahn handelte.

Es geht bergab

Ein wirtschaftlicher Erfolg kann die Wurmbergstrecke allenfalls ein paar Jahre lang gewesen sein. Bekannt sind hauptsächlich Bilder, auf denen ein, zwei oder drei beladene Schotterwagen den Personenzügen mitgegeben wurden. Diese mangelnde Auslastung führte später zum sukzessiven Umbau der Selbstent-ladewagen in hochbordige O-Wagen.

Abb. 21: Das jüngste Triebfahrzeug der SHE, der 1960 von MAN gelieferte T 14, war zum Schluss - abwechselnd mit dem dreißig Jahre älteren T 02 - Mädchen für alles und rangiert hier gerade mittels Zwischenwagen aufgebockte Wagen im Anschluss Buchholz. Foto: Harald O. Kindermann

Mitte der Fünfzigerjahre begann das Sterben der Wurmbergstrecke. Die Kistenfabrik brannt erneut ab und wurde geschlossen, der Steinbruch stellte auf LKW-Transport um, 1958 wurde die Strecke eingestellt. Lediglich der neue Anschluss Buchholz, später von Lubeca übernommen, wurde bis zur Einstellung des SHE-Gesamtbetriebes im August 1963 mit aufgeschemelten Regelspurwagen weiter bedient.

Harzer Schmalspur-Spezialitäten

Kap. VI

Zwei Brocken auf dem Brocken
Die schwersten Mallets der NWE

Abb.1: Der seltene Fall, dass sich die beiden schweren 1'BB1'-Maschinen der NWE auf dem Brocken begegnen, kommt uns gerade recht. Bei der der gerade einfahrenden 52 ist der Vorderwagen weit ausgeschwenkt, typisches Merkmal einer Malletlokomotive. Die Aufnahme aus der Sammlung Steimecke stammt vermutlich aus den Dreißigerjahren, als der Brockenverkehr einen starken Aufschwung erlebte.

Der Harz war - und ist zum Teil heute noch - das Land der Malletlokomotiven. Die drei Harzer Meterspurbahnen haben es auf insgesamt acht Typen von Mallets gebracht, das ist für Deutschland einmalig. Die B'B-Loks von Jung machten den Anfang. Sie wurden 1897 bei der NWE und ein Jahr später bei der SHE eingeführt, waren also praktisch von Anfang an dabei.

In den Jahren 1904 beziehungsweise 1905 beschafften SHE und GHE ihre zweite Serie von Mallets, wieder mit der Achsfolge B'B, wobei sich die SHE für die Lokomotivfabrik Hohenzollern entschieden hatte, die GHE für Borsig.

Bei der NWE stiegen die Zuglasten schneller als bei den beiden anderen Bahnen, was natürlich hauptsächlich am Brockenverkehr lag. Daher wurden als nächstes sechsachsige Malletmaschinen mit der Achsfolge C'C bestellt, die 1909 von Orenstein & Koppel kamen. Nach einem gescheiterten Versuch mit den großen Einrahmenmaschinen, den 1'D1'-Loks 41 und 42 setzte man in Wernigerode 1922 wieder auf den Typ Mallet und bestellte 1922 bei Borsig eine große und schwere Maschine, deren Kurvenläufigkeit durch kurzen Achsstand der Treib- und Kuppelräder sowie Bissel-Achsen als Vor- und Nachläufer gewährleistet sein sollte. (Die B'B-Mallet von der Maschinenfabrik Karlsruhe gehört nicht in diese Betrachtung, da sie als Ersatz

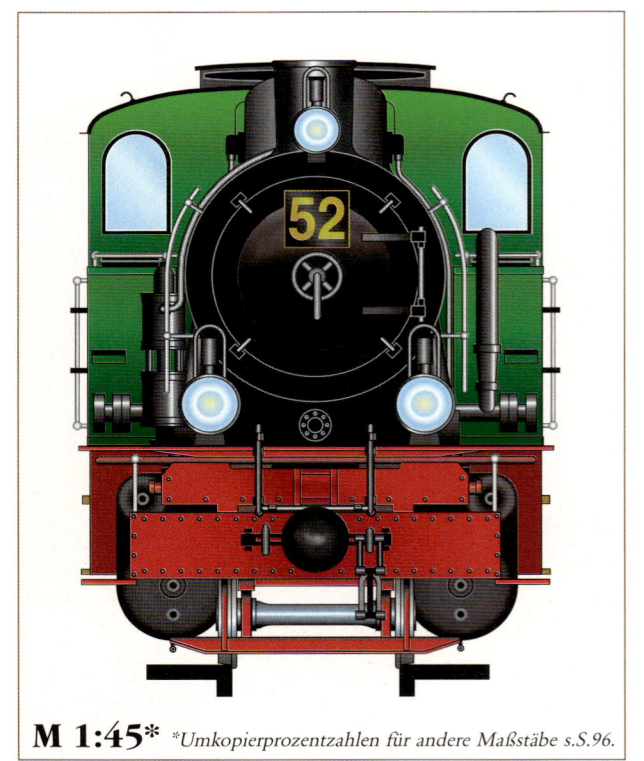

M 1:45* *Umkopierprozentzahlen für andere Maßstäbe s.S.96.

Abb.2: Die beiden Aufgleiswinden gehörten offenbar zur Lok wie die Pufferbohle. Ob sie wirklich rot waren, ist nicht sicher, auf den alten Schwarzweißfotos haben sie jedenfalls den gleichen Ton wie diese.

Abb.3: Vor dem Kriege sahen Brockentouristen anders aus als heute. Damals machte man sich fein für einen solchen Ausflug, schließlich verreiste man selten. Interessant, dass einer der vier vierachsigen PwPost-Wagen auf den Brocken mitgeführt wurde, Vermutlich gab es ein hohes Postaufkommen und eventuell auch die Beförderung von Stückgut für die Gastronomie. Foto. Slg Steimecke

Abb.4: Dieses Paradefoto der NWE 52 stammt nicht von Carl Bellingrodt, sondern von Werner Hubert. Die beiden Aufgleiswinden sprechen eine deutliche Sprache: durch die kurzen Achsstände waren die 1'BB1'-Mallets rechts entgleisungsfreudig. Foto Slg Steimecke

Harzer Schmalspur-Spezialitäten

Abb.5: Im grauen Fototgrafieranstrich posiert die 52 für das Lieferfoto. Die Wasserkästen waren also ursprünglich kürzer als auf allen anderen Aufnahmen zu sehen. Von Anfang an waren auch diese Maschinen für das Wasserfassen per Pulsometer (vg. Kap.XIII) ausgerüstet, wie der dicke Rohrflansch vor dem Wasserkasten beweist. Foto: Slg OOK.

Abb.6: Mit einem Zug von Nordhausen quert die mit Reichsbahnnummer versehene 1'BB1'-Lok nördlich von Eisfelder Talmühle die F 81. Dass Räder für den Sieg rollen müssen, steht nicht mehr am Wasserkasten, dafür vielleicht die Aufforderung, aus jedem Gramm Kohle den größten Nutzeffekt herauszuholen. Foto: Slg OOK.

für an die Heeresfeldbahn abgegebene Loks zugewiesen wurde.)

Der feste Achsstand im Hauptrahmen und im Vorderwagen betrug jeweils nur noch 1300mm, sehr praktisch für die 60m-Radien der Harzquer- und Brockenbahn, aber kontraproduktiv für eine ruhige Gleislage. Da halfen auch die mit starken Rückstellfedern ausgerüsteten Bissel-Achsen nichts. Die mit der Nummer 51 bezeichnete Lok neigte sehr zum Schlingern und als Folge da-

Abb.7: Schon arg geplündert steht die 99 6011, ex NWE 51 nach ihrem unrühmlichen Einsatz in Gera-Pforten Z-gestellt. 1967 wurde sie in Görlitz zerlegt. Foto: Slg Steimecke

M 1:45* *Umkopierprozentzahlen für andere Maßstäbe s.S.96.

Abb.8: Trotz vorhandener Leerkupplungen wurden die beiden Bremsschläuche, wenn ungenutzt, gern zusammen gekuppelt.

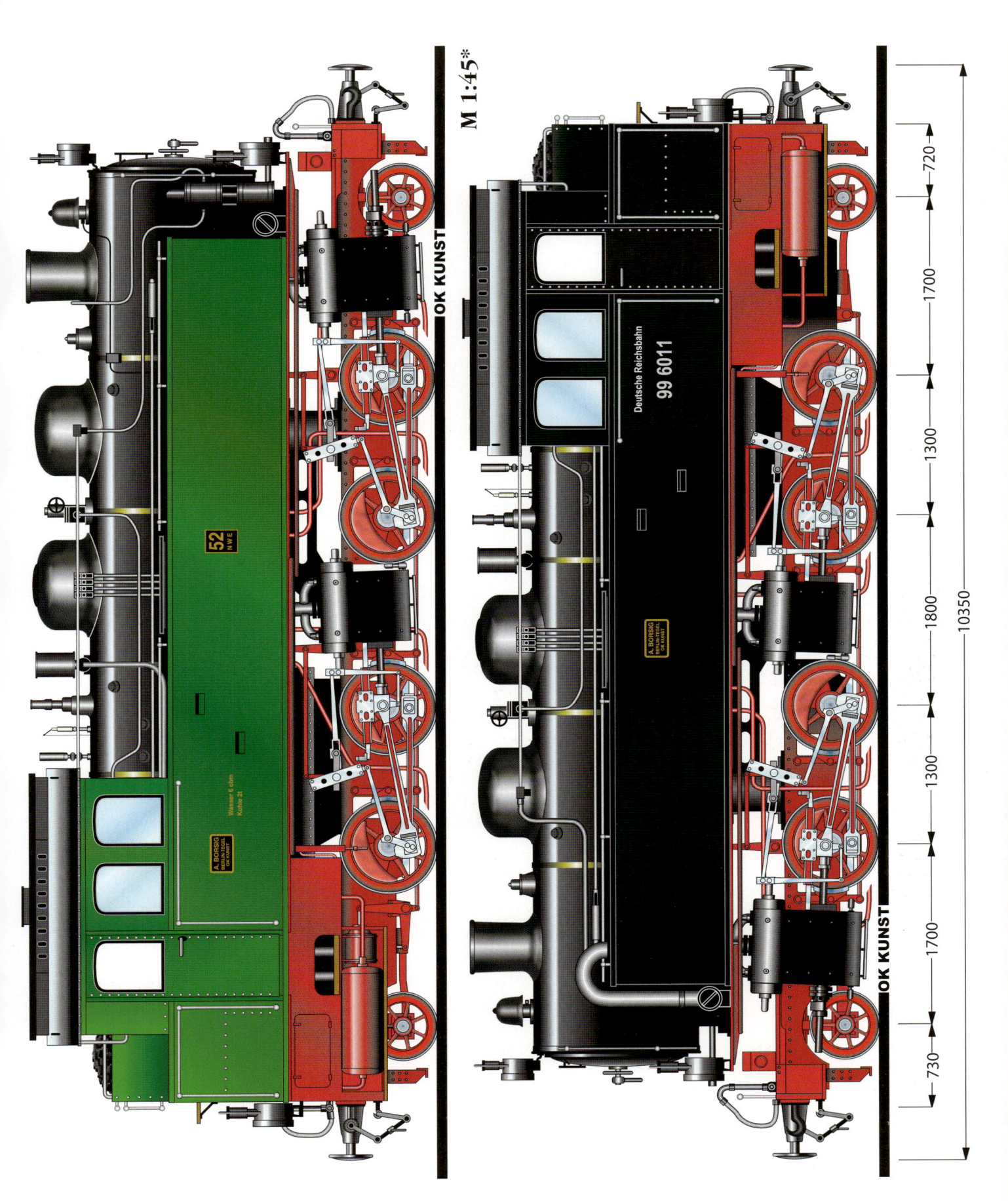

Abb.9a+b: In Ermanglung zeitgenössischer Farbfotos muss der NWE-Grünton der Maschine Spekulation bleiben. Gegenüber dem Lieferfoto fallen die verlängerten Wasserkästen sowie die Luftpumpe auf. Auch die Rauchkammer wurde vor dem Schornstein verlängert. Ursprünglich gab es auf jeder Seite nur zwei Sandlaufrohre, je eins für die in Fahrtrichtung zweite Kuppelachse. Das wurde später geändert. Die Zahl der Sandlaufrohre wurde auf vier pro Lokseite erhöht, alle für die Vorwärts-, also die Bergfahrt ausgelegt. Dieser Zustand ist den Grafiken dokumentiert. Auf dem Foto Abb.4 ist ein fünftes Sandstreurohr zu erkennen, das offenbar nachträglich installiert wurde, vermutlich, um doch wenigstens eine Achse bei Rückwärtsfahrt zu Notbremszwecken sanden zu können. Alle Lokgrafiken: Olaf Otto Kurbjuweit jr.

Harzer Schmalspur-Spezialitäten

von auch zum Entgleisen. Wieso dann ein Jahr später, also 1923, eine praktisch gleiche Maschine nachbestellt wurde, ist unter diesen Umständen heute nicht nachvollziehbar.

Neben der sehr unstabilen Gleislage musste die perfekte Kurvenläufigkeit dieser Lokomotiven noch mit einem weiteren Nachteil erkauft werden: Von der hohen Gesamtmasse kamen infolge der Laufachsen nur 75%, nämlich 40t als Reibungsgewicht zur Geltung, was zu überdurchschnittlich häufigem Schleudern, im Jargon der Harzbahner zum „Strampeln" führte.

Dennoch müssen sich die Loks bewährt haben, weil sie recht lange bei der NWE im Dienst blieben und sogar noch die Übernahme durch die Deutsche Reichsbahn erlebten, was ihnen die Nummern 99 6011 und 6012 einbrachte.

Als spezielle Brockenlokomotiven hatten diese Maschienen ständig den Höhenunterschied zwischen Wernigerode (234m ü.NN) und dem Brocken (1125m) zu überwinden. Für die Bergfahrt waren sie mit ihren 650 PS gut gerüstet, problematischer waren die langen Talfahrten auf fast ständig 33‰ Gefälle. Daher erhielten die Maschinen eine Riggenbach-Gegendruckbremse, bei der die kinetische Ernergie bei Talfahrt vernichtet wird, indem in den Zylindern Luft angesaugt und komrimiert wird. Dadurch wird die Klotzbremse dauernd entlastet.

Dennoch wurde auch bei dieser erhöhter Aufwand getrieben. Obwohl die gesamte NWE, wie die beiden anderen Harzbahnen auch, mit Luftsaugebremse ausgerüstet war, erhielten die 51 und 52 eine Druckluftbremse, die wesentlich höhere Klotzdrücke ermöglicht. Über ein sogenanntes Proportionalventil wurde bei Betätigung des Führerbremsventils die Luftsaugebremse für den Wagenzug mit angesteuert.

Noch ein Wort zu den farbigen Typenzeichnungen: zu ihrer Erstellung wurden eine Originalzeichnung von Borsig, die den in Abb.5 gezeigten Zustand darstellt, alle bisher veröffentlichten Zeichnungen sowie alle auffindbaren Fotos der Maschinen ausgewertet. Dennoch bleiben einige Unsicherheiten, die vielleicht durch weitere Forschungsarbeit zu klären sind. Autor und Verlag nehmen Korrekturhinweise gern entgegen.

Abb.10: Die Draufsicht enthält nur die wesentlichsten Bauteile der Maschine. Aggregate und Rohrleitungen wurden weitgehend weggelassen.

Hauptdaten der NWE 51 und 52

Achsfolge/Antrieb	(1'B)' B1' h4v
Länge ü. Puffer	10350 mm
Achsstand ges.	7800 mm
Achsstand fest	je 1300 pro Antrieb
Ø Treib-/Kuppelrad	850 mm
Ø Laufrad	600 mm
Dienstgewicht	53 t
Reibungsgewicht	40 t
Wasservorrat	6 m3
Kohlevorrat	2,5 t
Leistung	650 PS
Höchstgeschwindigkeit	30 km/h

Abb.11+12: Diesen kurzen Zug - auch wieder mit einem PwPost4 - hätte gewiss auch eine kleinere Lokomotive der NWE auf den Brocken geschafft, aber Umläufe sind Umläufe. Wir müssen Werner Hubert dankbar sein, dass er die 1'BB1'-Lok nicht nur, wie alle anderen Fotografen, von vorn, sondern auch mal ihre nicht minder attraktive Rückseite abgelichtet hat. Auch von hier erkennbar der typische Borsig-"look", dank moderner Schweißtechnik nichts für Nietenzähler. Fotos: Slg Steimecke

Abb.13 (nächste Seite): Wenn man „demokratisch" im Staatsnamen führen muss, weil es sonst niemand merkt, dann muss man auch Friedenstauben an Lokomotiven malen. Der Künstler Peter König aus Aue hat die 1'BB1'-Mallet in der Brockenspirale gemalt, wie sie die Friedensbotschaft auf den Gipfel trägt, der 1961 eingemauert wurde. Dann durften nur noch Grenzsoldaten hinauf fahren.

Harzer Schmalspur-Spezialitäten

Harzer Schmalspur-Spezialitäten

Kap. VII
Ein Kleinod für den Bahnmeister
Die ehemalige Bahnmeisterbude von Alexisbad

Abb.1: Abzweigbahnhof Alexisbad der Selketalbahn, vor der Wende. Die 99 6001 wartet mit ihrem kurzen Personenzug nach Harzgerode auf die Einfahrt des Gegenzuges. Was uns hier interessiert, ist die kleine unscheinbare Bude am rechten Bildrand. Foto: Steimecke

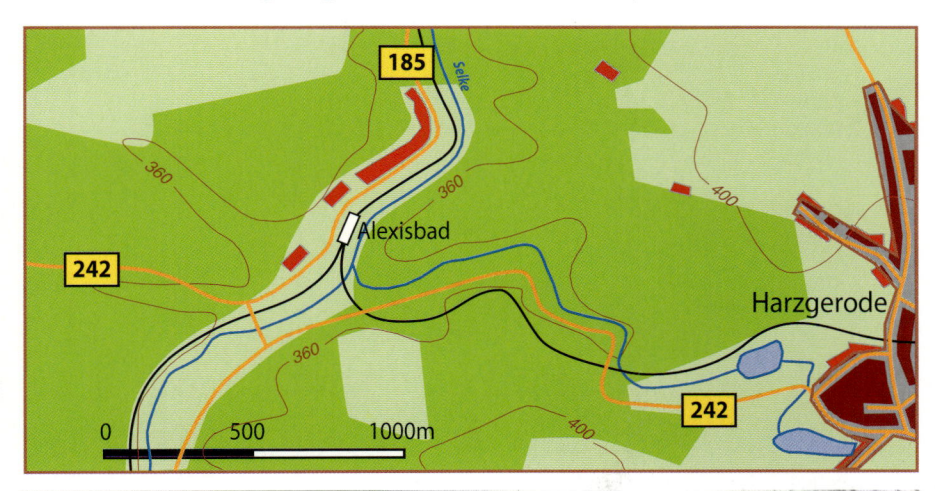

Abb.2: Der Höhenunwerschied zwischen Alexisbad und Harzgerode beträgt zwar „nur" 75 m, aber die Strecke ist mit 2,9 km recht kurz, so dass die maßgebende Neigung bei 33‰ liegt.

Der Name Alexisbad ist in den Ohren der Eisenbahnfreunde Synonym für Parallelausfahrt. Zu DR-Zeiten fuhren noch täglich mindestens einmal planmäßig die Züge nach Harzgerode und nach Straßberg gleichzeitig aus, heute werden solche „events" vom Freundeskreis Selketalbahn und/oder von der IG Harzer Schmalspurbahnen organisiert. Ob die Doppelausfahrtfans die alte Bahnmeisterbude (Abb.1) bemerken würden, wenn sie dort noch stände?

Die Bahnmeisterei der Selketalbahn befindet sich in Gernrode. Dort lagern Schotter, Schwellen und Kleineisen und natürlich Schienen für allfällige Reparaturen am Gleis. Bei den geringen Geschwindigkeiten, die auf der Selketalbahn gefahren werden, ist eine Rotte schnell ein-

Abb.3: Der primitive Bretterschuppen im Vordergrund sieht eher so aus, wie man sich eine Bahnmeisterbude vorstellt, ist aber nur das Materiallager. Das hübsche Fachwerkhäuschen dahinter war der eigentliche Amtssitz (Außenstelle) des Bahnmeisters. Foto: OOK.

Harzer Schmalspur-Spezialitäten

M 1:45*

*Umkopierprozentzahlen für andere Maßstäbe s.S.96.

Abb.4a+b: Süd- und Westansicht des Gebäudes im Zustand und Anstrich von 1992.

Bahnmeisterbude Alexisbad
(Selketalbahn)

Abb.4c: Nordansicht im Zustand nach der Restaurierung durch FK Selketalbahn mit feinerer Ausfachung und hellem Anstrich

mal drei, vier Stunden von der Bahnmeisterei entfernt, und wenn dann mal etwas fehlt, dauert es fast eine Schicht, bis es von Gernrode geholt und zum jeweiligen Arbeitspunkt gebracht worden ist.

Daher ist es gut und praktisch, wenn der Bahnmeister unterwegs Stützpunkte hat, an denen Baustoffe nachgefasst werden können und wo sich seine Mänmner auch mal aufwärmen können. Für solche Zwekke gibt es - und nicht nur bei der Selketalbahn - die Bahnmeister-

Abb.5: Im April 1992 fand OOK die alte Bahnmeisterbude von Alexisbad verlassen und heruntergekommen vor. Vermutlich würde sie die Wende nicht allzu lange überleben. Foto: OOK.

Abb.6: Dass ganze Häuser umziehen, gibt es nicht nur in Amerika. Der Freundeskreis Selketalbahn hat das Bahnmeisterhäuschen von Alexisbad auf seine erhaltenswerte Substanz reduziert und auf einen SS-Wagen der Selketalbahn verladen. Stilecht hinter einer Dampflok wird es nun die Reise über den Ramberg nach Gernrode antreten. Foto: Henning Löther

Abb.7: Da steht es nun an seinem neuen Platz zwischen Gleisen und Parkplatz in Gernrode. Das Fundament ist neu, aber das Fachwerk trägt noch Reste des alten Anstrichs. Noch liegt der Großteil der Restaurierungsarbeiten vor den Mitgliedern des Freundeskreises Selketalbahn. Foto: Steimecke

Abb.8-10: Die Gefache neu ausgefacht, alles Holz neu gestrichen, das Dach neu gedeckt, so steht die ehemalige Bahnmeisterbude nun als Denkmal am Bahnhof Gernrode und beeinhaltet eine Sammlung von Schienenprofilen der Selketalbahn. Ein junger Künstler, der die endgültige Ausformung seiner Begabung noch nicht gefunden hat, hat hier schon mal ein Zeichen gesetzt, dass er künftig bei Lackierarbeiten mit berücksichtigt werden möchte. Umso deutlicher wird die Schönheit des Gebäudes in der Seitenansicht. Fotos (3): OOK.

buden, meist primitive Bauten oder ausrangierte Wagenkästen.

Eine Ausnahme war die Bahnmeisterbude von Alexisbad. Hier hatte man einem Zimmermann Gelegenheit gegeben, ein Kabinettstückchen anzufertigen. Auf einem sechslagigen Ziegelsteinfundament saß die Fachwerkkonstruktion aus liebevoll angefasten Balken, die mit Holzbrettern ausgefacht war.

Spätestens, als der Bahnmeister ein Dienstmoped erhielt, war die Außenstelle Alexisbad der BM Gernrode überflüssig. Sie stand leer und begann, zu zerfallen. Gewiss wäre sie längst abgefackelt worden oder umgefallen, hätte nicht der Freundeskreis Selketalbahn den Wert des Gebäudes erkannt und eine Rettungsaktion beschlossen.

Die vergammelten Ausfachungen wurden entfernt, das Fachwerk oberhalb des Fundamets abgeschnitten, so konnte man das handliche Teil auf einen Flachwagen der Selketalbahn verladen und nach Gernrode schaffen. Dort erhielt es einen neuen Platz zwischen Parkplatz und Bahnanlagen, wurde neu ausgefacht und erhielt einen schmucken Anstrich. Um einen Zusammenhang mit der ursprünglichen Funktion des Gebäudes herzustellen und sichtbar zu machen, baute der FK Selketalbahn im Innern eine Sammlung von Schienenprofilen an, die man an der Selketalbahn gefunden hat. Entrostet, lackiert und beschriftet geben sie ein gutes Bild von der Entwicklung des Oberbaus dieser Bahn.

Harzer Schmalspur-Spezialitäten

Kap. VIII
Herr Bachstein lässt einen Triebwagen basteln
Der legendäre T 02 der Südharzbahn

Abb.1: Schade, schade, schade! Da ist er gerade in Braunlage angekommen, der T 02 der Südharzbahn. Die wenigen Fahrgäste haben sich schon auf den Weg in den Ort gemacht. Ein Unikat war er, und allerlei Legenden waren im Umlauf, wie und wo er gebaut worden war. Im Gegensatz zu seinem Ostharzer Kollegen, dem T 3 der HSB, hat der zuletzt weinrote dieselelektrische Triebwagen nicht überlebt. Das ebenso stattliche wie wunderschöne Empfangsgebäude von Braunlage gibt es noch, allerdings ist das verzierte Holz unter einer Plastikverkleidung verschwunden. Das ist nicht schade, das ist schon eher eine Schande. Foto (1960): OOK.

Heute wird vieles *legendär* genannt, was nur ein bisschen besonders ist oder unklar. Beim Triebwagen T 02 der SHE passt das Wort aber, denn um seine Entstehungsgeschichte sind in der Tat einige Legenden gewoben worden. Zum Beispiel die, dass er von einem Motor angetrieben wurde, der aus einem ausgeschlachteten U-Boot des ersten Weltkrieges stammte. Oder die, dass er in der Werkstatt der Osterwieck-Wasserlebener Eisenbahn gebaut wurde. Oder gar bei der Weimar-Großrudestädter Eisenbahn. Wie gesagt: alles Legenden.

Aber wie war es denn nun wirklich? Wie kam es zum T 02? Das ist gar nicht einmal so schwer herauszufinden, denn in Heft 30 vom 22.12.1932 der Zeitschrift *Verkehrstechnik* veröffentlichte ein gewisser Regierungsbaumeister a.D. Ahrens einen Aufsatz mit dem Titel „Erfahrungen mit benzin- und diesel-elektrischen Triebwagen bei Privatbahnen". Und dieser Herr Ahrens war seines Zeichens Mitglied der „Centralverwaltung für Secundairbahnen Hermann Bachstein", der unter anderem die Südharzbahn gehörte, und er konnte daher sozusagen aus erster Quelle berichten. Nachdem er länglich über die Vorteile der elektrischen Kraftübertragung geschwärmt hatte, schrieb er:

> Die vorstehenden Ergebnisse ermutigten dazu, den Triebwagenbetrieb auch auf der Südharzbahn, einer meterspurigen Strecke mit häufigen Steigungen von 33vH bis zu 7 km Länge und zahlreichen Gleisbogen bis zu 60m Halbmesser zum Ersatz von unwirtschaftlichen Dampfzügen einzuführen. Ein vereinigter Personen-, Post- und Gepäckwagen, dessen Wagenkasten ohnehin erneuert werden musste, wurde zum Umbau benutzt. Zur Erfüllung des Leistungsprogramms - Beförderung eines Zuggewichts von 45t auf der Steigung von 33vH bei 25 km/h - war eine Leistung von 220 PS erforderlich. Das Fahrzeug ... enthält ein Abteil 2. Klasse mit 6 Sitzplätzen, ein Abteil 3. Klasse mit 20 Sitzplätzen, ein Pack- und ein Maschinenabteil. ... Die Maschinenenanlage besteht aus einem Dieselmotor von 220 PS der Type W8 V16/22 der MAN und einem einlagerig ausgeführten Generator mit Erregermaschine (AEG).

Also von einem U-Boot-Motor ist nicht die Rede, sondern von einem ganz gewöhnlichen, sozusagen handelsüblichen MAN-Motor. Die Bestell-/Ablieferungsliste der MAN nennt dann auch unter der Bestell-

Abb.2: Wann der ursprünglich grün gestrichene Triebwagen rot-crème umlackiert wurde, ist nicht genau bekannt, aber vermutlich noch in den Dreißigerjahren, denn noch hat er seinen ersten Kühler in einem Dachausschnitt, der später durch einen moderneren Kühler ersetzt wurde. An der Stelle der später montierten dritten Stirnlampe (s. Abb.1) befindet sich eine Steckdose für die Anhängerbeleuchtung. Foto: Slg Dörner

Abb.3: Bilder vom zweifarbigen Zustand des T 02 sind sehr rar, daher darf auch diese Aufnahme aus der Sammlung Steimecke hier abgebildet werden, auch wenn der unbekannte Fotograf nicht den ganzen Triebwagen „drauf gekriegt" hat. Außer dem altmodischen Kühler (vgl. die modernere Variante in Abb. C) fällt hier noch der Luftkessel auf der linken Fahrzeugseite auf, der auf späteren Aufnahmen fehlt.

nummer 501 090 einen solchen Motor, bestellt von der Fa. H. Bachstein, Berlin, der am 27.6.1931 an die Südharzbahn geliefert wurde, also direkt nach Braunlage, wo die SHE im Anschluss an den Lokschuppen ihre große Werkstätte hatte.

Dort hatte man sich schon den von Ahrens erwähnten BCPwPost4i - welchen genau, ist nicht mehr feststellbar - vorgeknöpft und den Aufbau vom Rahmen getrennt. Vermutlich hat man den Rahmen an beiden Enden um die Länge der schräg eingezogenen Führerstände vorgeschuht, denn der Spenderwagen hatte eine Länge über Puffer von ca. 13m, der Triebwagen jedoch rund drei Meter mehr.

Entgegen anderslautenden Veröffentlichungen konnte der alte Wagenkasten wegen seiner völlig anderen Fensterteilung nicht wieder verwendet werden. Dazu gibt es eine authentische Quelle, schreibt doch die Braunlager Zeitung in ihrer Ausgabe vom 8.8.1931, dass das Kastengerippe für den neuen Triebwagen von der ortsansässigen Firma Gustav Kämpfert konstruiert worden sei.

Kein Wort findet sich in der Literatur über die Drehgestelle und wie man den Antrieb hinein bekommen hat. Immerhin liegt uns eine detaillierte Konstruktionszeichnung der Drehgestelle vor, so dass angenommen werden kann, dass Bachstein sie genauso als Neubau in Auftrag gegeben hat wie den Motor. Angetrie-

Abb.4: Für den Einbau (und ggf. Ausbau) des Antriebsaggregates hatte man das Hauptstück der bergseitigen Stirnwand herausnehmbar ausgeführt. Werkfoto AEG, Slg Steimecke

ben war nur ein Drehgestell, das direkt unterm Maschinenenraum gelegene und bei Bergfahrt führende, und zwar mit zwei Tatzlagermotoren, so dass der Triebwagen beim Anfahren unter dem Brummen des Diesels noch das singende Geräusch einer Straßenbahn produziert haben muss.

Wie aber kam die vom Dieselmotor abgegebene Leistung an die Elektromotoren des Triebdrehgestells? Über die sogenannte Lemp-Schaltung. In der gleichen Ausgabe der Verkehrstechnik wie der zitierte Beitrag von

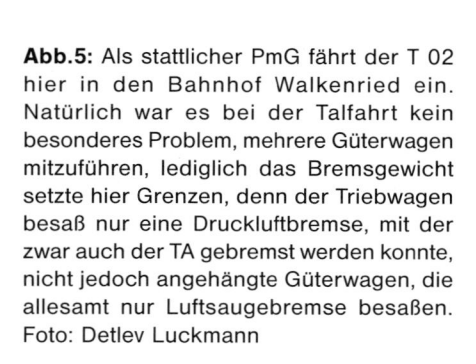

Abb.5: Als stattlicher PmG fährt der T 02 hier in den Bahnhof Walkenried ein. Natürlich war es bei der Talfahrt kein besonderes Problem, mehrere Güterwagen mitzuführen, lediglich das Bremsgewicht setzte hier Grenzen, denn der Triebwagen besaß nur eine Druckluftbremse, mit der zwar auch der TA gebremst werden konnte, nicht jedoch angehängte Güterwagen, die allesamt nur Luftsaugebremse besaßen. Foto: Detlev Luckmann

Seite Braunlage   Seite Walkenried

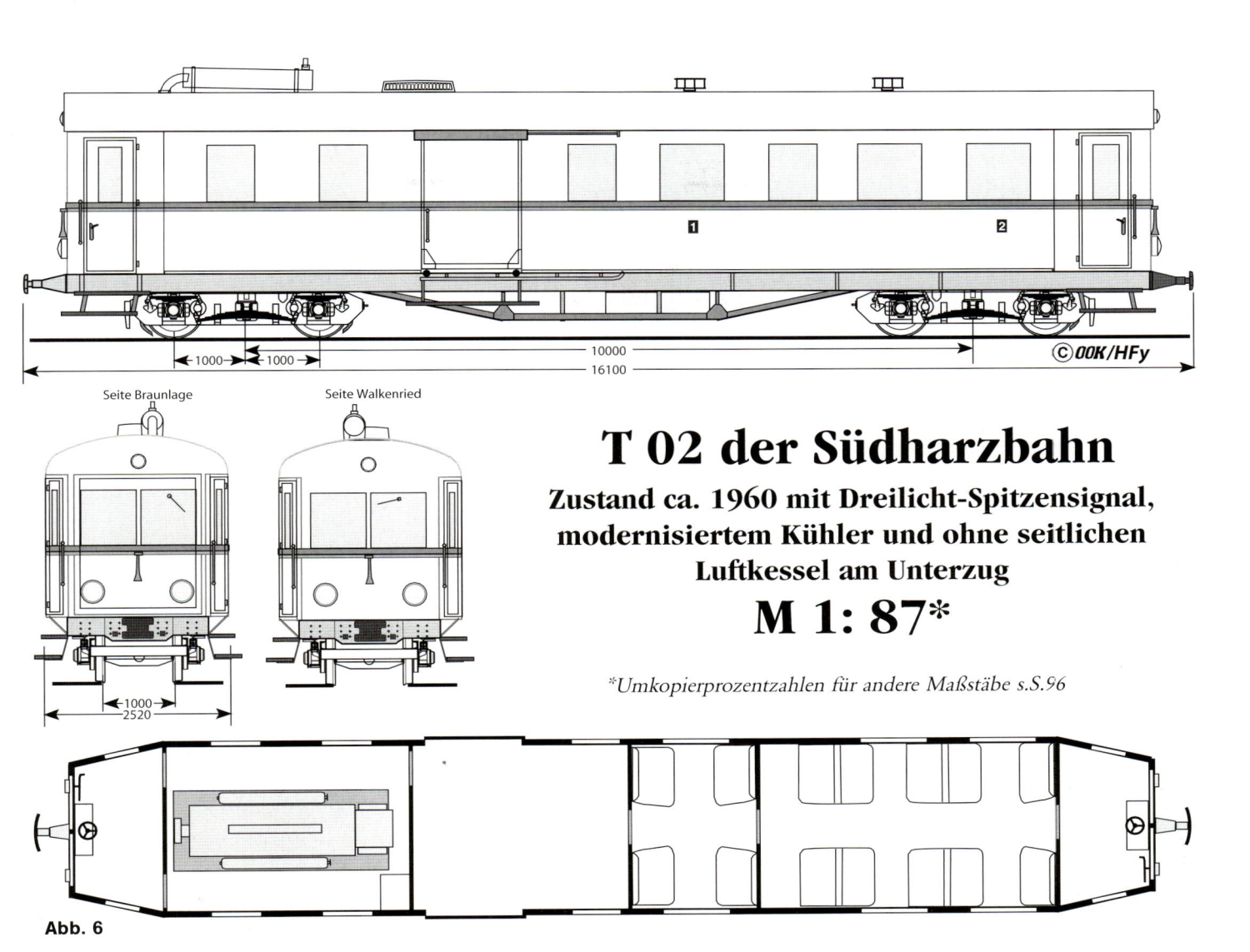

T 02 der Südharzbahn
Zustand ca. 1960 mit Dreilicht-Spitzensignal, modernisiertem Kühler und ohne seitlichen Luftkessel am Unterzug
M 1: 87*

*Umkopierprozentzahlen für andere Maßstäbe s.S.96

Abb. 6

Herrn Ahrens stand auch ein Aufsatz von einem Dipl.-Ing. Hans Koeppen aus Berlin über eben diese Lemp-Schaltung. Um das zu verstehen, was er da schreibt, muss man am besten ebenfalls Diplomingenieur sein, hier ist nur soviel wichtig, dass diese Schaltung bewirken soll, dass die Leistung der Antriebsmotoren über den gesamten Arbeitsbereich nahezu konstant bleibt. Und nach den Ausführungen von Herrn Koeppen tut sie das auch. Der ganze große Hit scheint die Schaltung nun dennoch nicht gewesen zu sein, denn man hört später nicht mehr viel von ihr. Bei der SHE hat sie sich jedoch zweifelsfrei bewährt wie das gesamte Konzepts dieses Triebwagens, der eine mutige Pionierleistung war - und dennoch ein Einzelstück blieb.

Das im Pflichtenheft geforderte Leistungsprogramm, die Beförderung einer Anhängelast von 45 t bei 25 km/h auf einer Steigung von 33‰ (s. Kasten S. 62), wirkt bescheiden, aber bei einem Wirkungsgrad von

Abb.7: Genauso wie (schwarzweiße) Fotos vom zweifarbigen Zustand des T 02 sind Farbaufnahmen von seinem letzten weinroten Aussehen sehr selten. Hier finden wir unseren Triebwagen in Brunnenbachsmühle auf dem Tanner Gleis, vermutlich als Arbeitszug, denn die Zweigstrecke nach Tanne war ja nach dem Kriege nicht mehr in Betrieb. Foto: Gerhard Knoke

Harzer Schmalspur-Spezialitäten

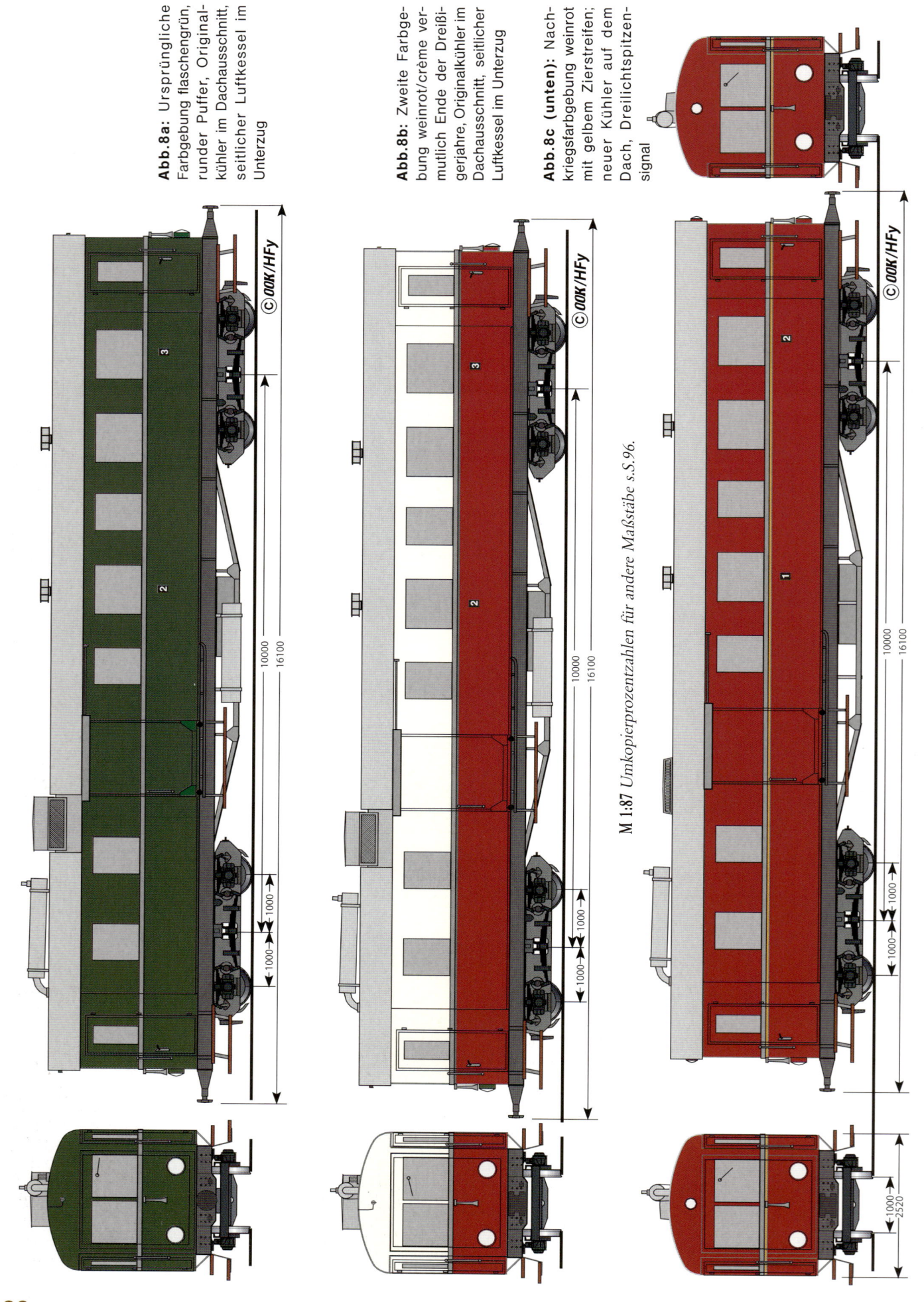

Abb. 8a: Ursprüngliche Farbgebung flaschengrün, runder Puffer, Originalkühler im Dachausschnitt, seitlicher Luftkessel im Unterzug

Abb. 8b: Zweite Farbgebung weinrot/crème vermutlich Ende der Dreißigerjahre, Originalkühler im Dachausschnitt, seitlicher Luftkessel im Unterzug

Abb. 8c (unten): Nachkriegsfarbgebung weinrot mit gelbem Zierstreifen; neuer Kühler auf dem Dach, Dreilichtspitzensignal

M 1:87 Umkopierprozentzahlen für andere Maßstäbe s. S. 96.

Harzer Schmalspur-Spezialitäten

knapp 80% kommen von den 220 PS = ca. 195 kW nur ca. 155 kW am Radumfang an.

Dennoch sehen wir auf vielen Fotos den T 02 nicht nur mit dem extra für ihn umgebauten Triebwagenanhänger behängt, sondern teils auch mit ein bis zwei weiteren Güterwagen. Die letztgenannte Variante (s. Abb.4) dürfte wohl eher auf Talfahrten limitiert gewesen sein. Andererseits war der T 02 für sich allein bereits ein vollständiger Zug, führte er doch beide seinerzeit gängigen Wagenklassen und hatte reichlich Platz für aufgegebenes Gepäck und Stückgut. Für Solofahrten gibt es daher natürlich ebenfalls zahlreiche fotografische Belege.

Vom Design her ist der T 02 in seiner schlichten Kantigkeit ein reines Zweckfahrzeug ohne Anspruch auf ästhetische Wirkung. Die abgeschrägte Form der Einstiege im Bereich der Führerstände hatte wohl ebenfalls keine stilistischen Gründe, sondern sollte bewirken, dass die aufschlagenden Türen das Lichtraumprofil nicht überschritten.

Und dennoch kann man diesem simplen Fahrzeug einen gewissen Reiz nicht absprechen, selbst und gerade wenn man ihn mit seinem moderneren Bruder, dem 1960 von MAN gebauten T 14, der mit seinen abgerundeten Fronten die „Eleganz" eines Schienenbusses hatte, vergleicht. Sommertags werden die Fahrgäste den alten Triebwagen sicher lieber gemocht haben, dessen große rahmenlose Fensterscheiben man ganz absenken und den Kopf hinaus in den Fahrtwind halten konnte, ein Gefühl, das heutige Zugreisende gar nicht mehr kennen.

Abb.9: Etwas eigenwillig waren die Anschriften am T 02 in seinem letzten Zustand. Die Bauartbezeichnung *VdeT* war offenbar eine Erfindung der Centralverwaltung für Secundairbahnen Hermann Bachstein. Statt *4BCP* wäre die Norm *BCPw4* gewesen. Bei der Länge wurde mit 15m die reine Wagenlastenlänge angeschrieben und nicht, wie üblich, die Länge über Puffer. Foto: OOK

Abb.10: Der funkelnagelneue VT 14 (MAN 1960) schiebt seinen älteren Bruder in Braunlage in Richtung Lokschuppen. Auch mit seinem kantigen Design kann der T 02 sich in puncto Ästhetik durchaus mit dem gerundeten Juniorpartner messen. Während der T02 sogleich nach der Einstellung der SHE in Jahre 1963 verschrottet wurde, wurde der T 14 an die Härtsfeldbahn verkauft und kam nach deren Betriebseinstellung zur Nebenbahn Amstetten - Laichingen. Heute läuft er bei der Härtsfeld-Museumsbahn Neresheim - Sägmühle. Foto. Gerhard Knoke

Harzer Schmalspur-Spezialitäten

Abb.11: Ach, waren das noch Zeiten, als der T 02 mit seinem TA, beide weinrot, das dicht bewaldete Wiedatal hinauf brummte. Hier hat er gerade die Station Wiedaerhütte verlassen und befindet sich an der Försterei, die in der Karte S. 19 mit ♀ gekennzeichnet ist. Hätte die SHE bis zur Wende durchgehalten, könnte man heute von Wieda aus direkt auf den Brocken fahren. Foto: Alfred Spühr

Abb.12: Kurz nach seiner Fertigstellung musste der T 02 natürlich allerlei Probefahrten absolvieren. Eine davon führte ihn auch auf den Brocken, wo ihn ein unbekannter Fotograf für AEG ablichtete. Schade, dass dies kein Farbfoto ist, sonst wüssten wir jetzt, wie grün der Triebwagen usprünglich war. Foto: Slg Steimecke

Betrieblich drängte der VT 14 den T 02 dennoch schnell in den Hintergrund. Mit seinen zwei Motoren à 210 PS war er in der Lage, Rollbockzüge bergwärts zu befördern und damit den Einsatz der letzten Dampflok, der Nr. 56, entbehrlich zu machen. Aber nicht lange, denn schon drei Jahre nach seiner Ablieferung war die Zeit der Südharzbahn zu Ende. Dieses Ende hat er zwar selbst überlebt (er läuft heute auf der Härtsfeld-Museumsbahn in Neresheim), außer ihm jedoch nur wenige Fahrzeuge der SHE. Darüber an anderer Stelle in diesem Buch mehr. Den T 02 jedenfalls hat's erwischt. Er wurde beim Abbau der

Abb.13 (oben): Sommer 1963: Im Zuge des Streckenabbaus stieß der T 02 zwischen Kaiserweg und Stöberhai mit dem T 14 zusammen, wobei der talseitige Führerstand völlig demoliert wurde. Um ihn aus dem Weg zu bekommen, wurde er auf dem Gießereianschlussgleis der Wiedaer Hütte bis zur alsbaldigen Verschrottung hinterstellt. Die Schäden am T 14 waren offenbar geringer; er wurde kurz danach an die Härtsfeldbahn verkauft. Interessant noch die halb ausgebaute Weiche zu einem weiteren bisher nie erwähnten Gleisstummel der Hütte jenseits der Wieda. Foto: OOK.

Abb.14+15 (links oben und links): In der Werkstatt der SHE in Braunlage wird der Rahmen eines alten BCPwPost4i für den Bau des T 02 hergerichtet. Offenbar mussten die Löcher für die Nieten zur Befestigung der Wagenkastenstützen noch von Hand gebohrt werden. Fotos (2): Slg. Dörner

Abb.16 (links): einen letzten wehmütigen Blick werfen wir zurück auf die gute alte Zeit, als der T 02 noch mit TA und Güterwagen unterwegs war, hier von Brunnenbachsmühle aus in Richtung Kaiserweg. Vorbei! Foto: Alfred Spühr.

SHE als Arbeitsfahrzeug benutzt und dabei schrottreif beschädigt. Nichts mehr konnte ihn vor sofortiger Verschrottung retten. Weiterleben darf der T 02 nur als Modell: einige Modellbahner haben ihn in 1:22,5 und 1:87 nachgebaut, zwei auch in 1:45. In 1:1 kann man heute wenigstens ein ähnliches Fahrgefühl erleben, wenn man den T1 der Selketalbahn benutzt, der ab und an bei Sonderfahrten eingesetzt wird (und den man auch selber mieten kann).

Harzer Schmalspur-Spezialitäten

Kap. IX
Eine vorwendisch heile Stätte
Hp Albrechtshaus an der Selketalbahn

Abb.1: Schlicht und doch ansprechend, das Wartehäuschen von Albrechtshaus. Man hat sich die Mühe gemacht, den Sparren eine geschwungene Form zu geben, und die Enden der oberen Bretterlage hat man aufwendig mit der Dekoupiersäge in Form gesägt. Die meisten Reisenden, die hier auf ihren Zug oder Bus gewartet haben, werden es nicht bewusst wahrgenommen haben, und dennoch ist es ein besseres Gefühl, hier drin zu stehen als in einer öden Betonkiste. Foto: Zieglgänsberger.

Ein wechselvolles Schicksal hat dieses Wartehäuschen der Selketalbahn hinter sich. Ob es sogleich zur Inbetriebnahme der des Abschnittes Güntersberge - Stiege der Gernrode-Harzgeroder-Eisenbahn im Jahre 1891 errichtet worden war, wissen wir nicht, vielleicht erforderte der steigende Verkehr zu den Heilstätten Albrechtshaus auch erst einige Jahre später einen Unterstand für wartende Reisende.

Was wir aber genau wissen, ist, dass man dem hübschen Stationchen nach dem Kriege kaltschnäuzig die Gleise wegriss, als die Selketalbahn abgebaut und als Reparationsleistung in die Sowjetunion verfrachtet wurde. Aus dem Hp Albrechtshaus wurde eine Bushaltestelle Albrechtshaus, eine der komfortabelsten Bushaltestellen immerhin.

Das Wichtigste war, dass das Gebäude erhalten blieb. Ab und zu muss es einen neuen Anstrich erhalten haben, denn es war stets in gutem Zustand. Dann geschah etwas beinahe Unglaubliches: das Ministerium für Verkehrswesen der DDR beschloß 1973, das Streckenstück Straßberg - Stiege wieder aufzubauen. (Der Abschnitt von Gernrode bis Straßberg war schon 1949 wieder aufgebaut worden.) Hauptgrund war das neue Heizkraftwerk des VEB Pyrotechnik in Silberhütte,

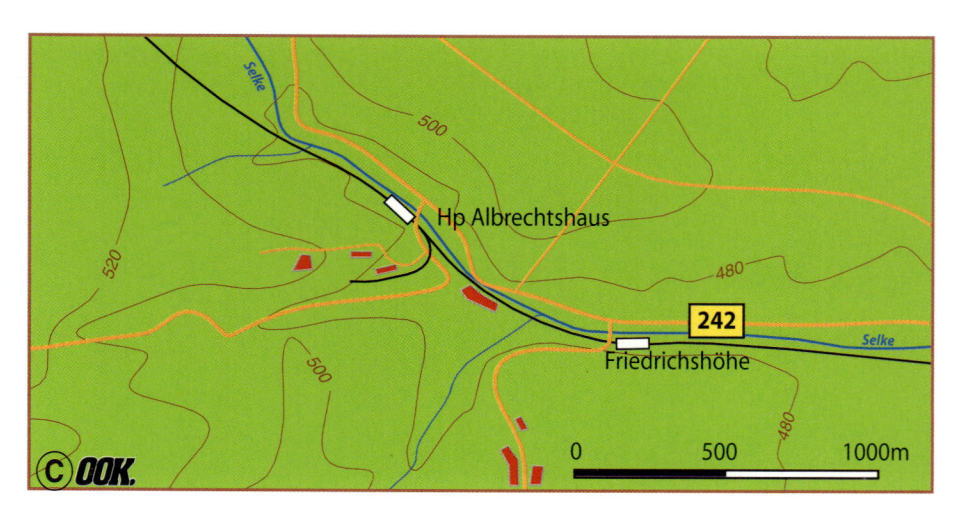

70   Harzer Schmalspur-Spezialitäten

Abb.3: Grafik: Nadzeya Yadzenka

M 1:45*

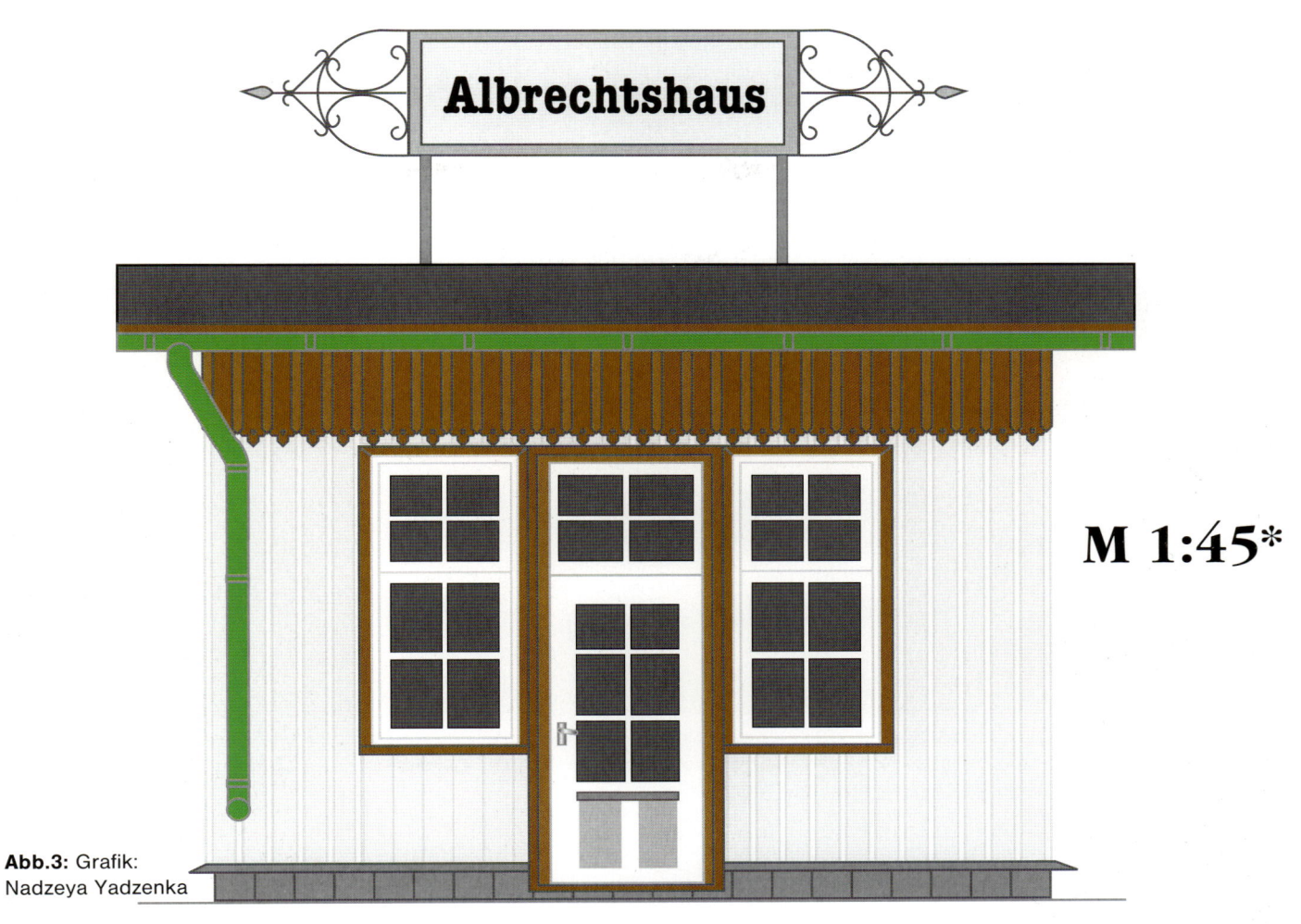

dem die Kohle von Nordhausen aus mit aufgeschemelten Regelspurwagen zugeführt werden sollte. Dann ging alles seinen geregelten sozialistischen Gang. Neun Jahre nach dem genannten Beschluss begann der Bau, Ende November 1983 wurde die Strecke mit dem Traditionszug der Harzquerbahn eingeweiht. Das Wartehäuschen von Albrechtshaus war wieder ein Bahnhofsgebäude. So weit so gut. Aber sechs Jahre später kam die Wende. Die Selketalbahn überstand die Turbulenzen, das Häuschen von Albrechtshaus nicht. Heute steht an der Stelle ein potthäßlicher Betonbau. Sic transit gloria.

*Umkopierprozentzahlen für andere Maßstäbe s.S.96.

Abb.4: Diese Aufnahme ist älter als die von Abb.1, denn das Wartehäuschen trägt noch sein ursprüngliches schmiedeeisernes Stationsschild. Foto. Zieglgänsberger

Harzer Schmalspur-Spezialitäten

Kap. X

Hauptsache genug Schotter
Die Selbstentladewagen der SHE

Abb. 1: Stolz präsentiert die Südharzbahn 1903 ihre neuen Selbstentladewagen für den Gesteinstransport von den Brüchen in Sorge und am Wurmberg mit einem Pressefoto. Damit die Lok von vorn zu sehen ist, hat man sie in Walkenried bergwärts vor einen beladenen Zug gestellt. Foto: Slg. Heimatmuseum Braunlage

Über die Steinbrüche der Südharzbahn, speziell den am Wurmberg, war schon in Kap. V. ausführlich zu lesen. Wie dort bereits erwähnt, schaffte die SHE 1903 sechzehn Selbstentladewagen für den Steintransport an, um den erhofften und erwarteten Verkehr rationell durchführen zu können.

Vermutlich plante man den Einsatz von zwei Ganzzügen à acht Wagen, mehr wären nicht zu Berg zu befördern gewesen. Bei einer Tragfähigkeit von 12,5 t pro Wagen wären das immerhin 100 t Schotter pro Zug oder zweihundert Tonnen täglich gewesen. Aber leider nahm das Schottergeschäft nicht den erwarteten Umfang an oder zumindest nur für kurze Zeit. Da zeigte sich dann schnell der Nachteil des Einsatzes von hochspezialisierten Fahrzeugen. Die Ot-Wagen waren kaum für anderes Ladegut als eben Schotter zu gebrauchen; eine gewaltige Fehlinvestition. Notgedrungen entschied man sich zum Umbau.

Abb. 2: Sechzehn Stück dieser damals hochmodernen Selbstentlader ließ sich die SHE von Orenstein & Koppel bauen. Sie erhielten die Nummern 264 bis 279. Diese große Schotterinvestition hat sich leider nicht im erhofften Maße ausgezahlt. Werkfoto Slg OOK.

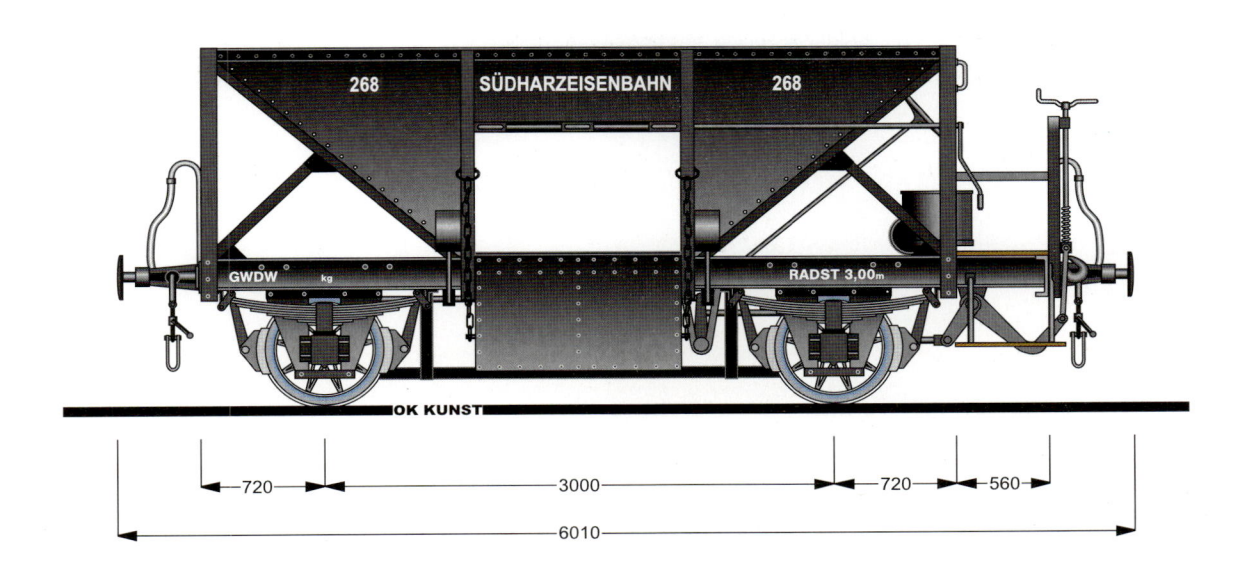

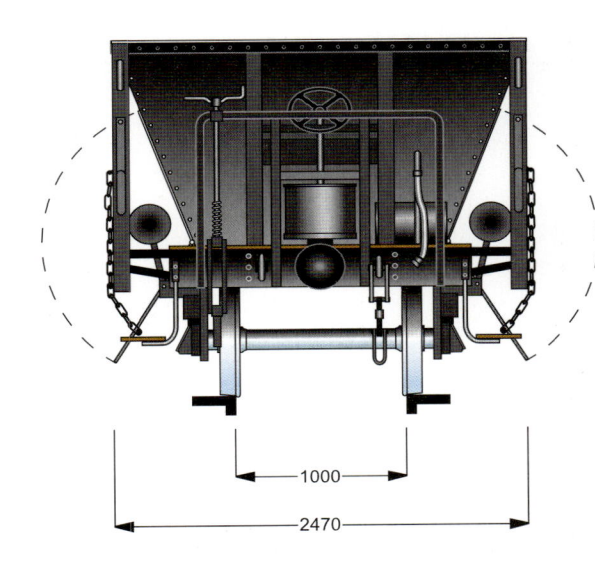

Abb. 3: Die seitlichen Entladeklappen, hier geöffnet dargestellt, wurden durch die schlanken Hebel an den senkrechten Eckstützen bedient. Zur Direktschotterung des Gleises gab es aber auch Bodenklappen in der Wagenmitte, die über das große Handrad von der Plattform aus bedient werden konnten. Als Folge davon konnten Bremszylinder und Hauptbremswelle nicht am üblichen Platz mittig zwischen den beiden Achsen angeordnet werden. Die Welle wurde in die nähe der plattformseitigen Achse verlegt, der Bremszylinder sogar auf die Plattform. Grafik: Olaf Otto Kurbjuweit jr.

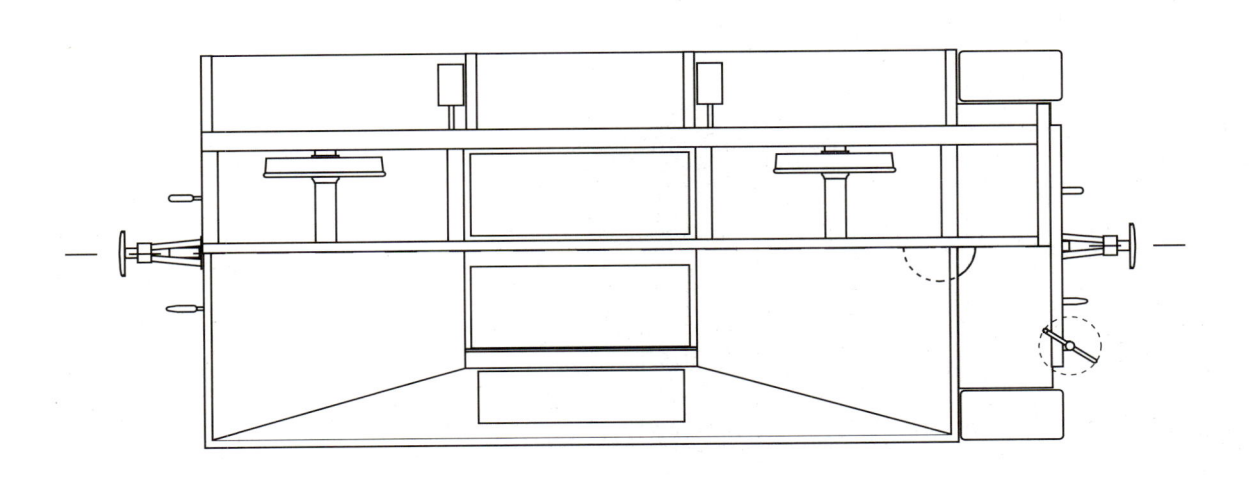

Harzer Schmalspur-Spezialitäten

Abb. 4: Der Umbau der Selbstentladewagen zu Blechhochbordwagen muss relativ früh begonnen haben, sind doch drei der Hochbordwagen rechts am Gleisende von Braunlage auf dieser Aufnahme zu sehen, die kaum später als 1915 entstanden sein dürfte. Foto: Slg. Heimatmuseum Braunlage

Wann genau diese Umbauaktion begann, ist nicht mehr feststellbar, aber die aus den Selbstentladern entstandenen Hochbordwagen tauche schon auf sehr frühen Aufnahmen auf (s.Abb.4).

Mit Bachsteinscher Sparsamkeit achtete man darauf, das Blech der Trichter für die neuen kastenförmigen Aufbauten zu verwenden, wobei wegen der größeren Flächen das Blech von einem Wagen nicht reichte. So sind vermutlich aus drei Trichtern zwei Blechhochbordkästen entstanden. Die Schweißnähte der Flächenvergrößerungen waren teilweise sichtbar (s.Abb.5).

Nachdem das wiederverwendbare Blech aufgebraucht war, baute man auf die verbliebenen Fahrzeugrahmen gleichartige Kästen mit normalem Bretteraufbau. Wieviele Wagen Holzaufbauten erhielten ist unbekannt, wirklich verbürgt ist dies nur bei einem Fahrzeug, dem 274, den es heute noch gibt.

Als nach dem Kriege die Zonengrenze „dicht" gemacht wurde, verlor die SHE ihre Gleisverbindung zum übrigen Harzer Meterspurnetz. In-

Abb. 5: Beim ehemaligen Ot 264 sieht man noch die Schweißnähte der Blechstückelung. Er war später 99-03-45 der DR und wurde 1965 verschrottet. Foto: Kieper Slg R.Richter

Abb. 6: Beim ehemaligen Schlackewagen des Bw Gernrode, DR-Nummer 99-072-03 ex SHE 265, fehlen die schrägen Schweißnähte. Entweder wurden für den Umbau oder bei späteren Reparaturen neue Blechplatten verwendet. Foto: OOK.

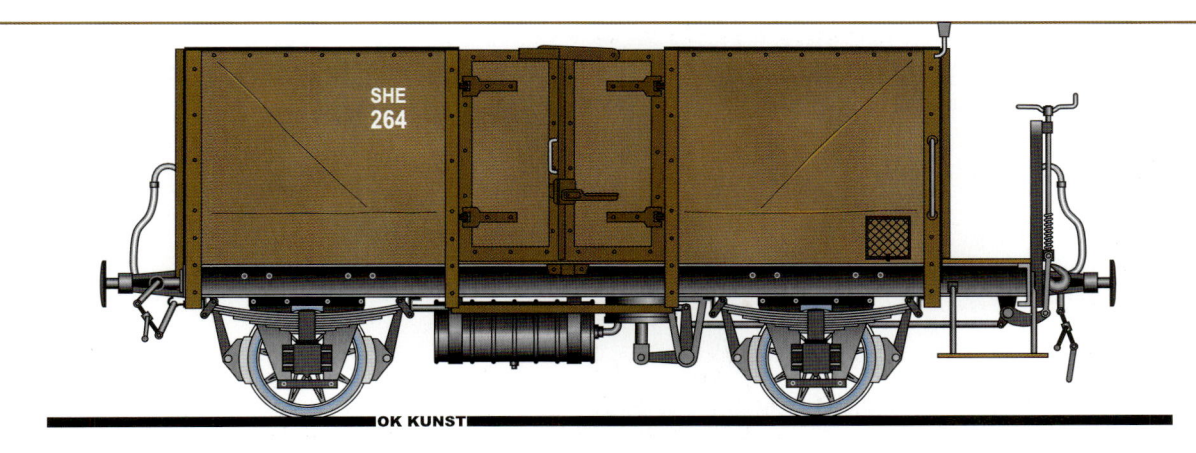

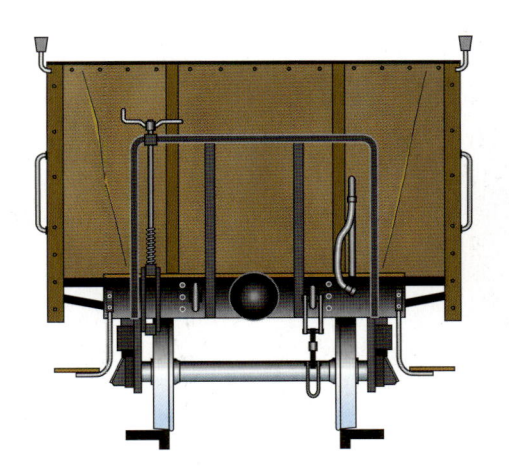

Abb. 7a: Beim Umbau eines Schotterwagens zum Blechhochbordwagen blieb die originale Trichterform durch die Schweißnähte erkennbar. Geblieben ist auch die asymmetrische Anordnung der Hauptbremswelle, die beim Originalfahrzeug wegen der innenliegenden Entleerungsvorrichtung nicht in Wagenmitte installiert werden konnte.

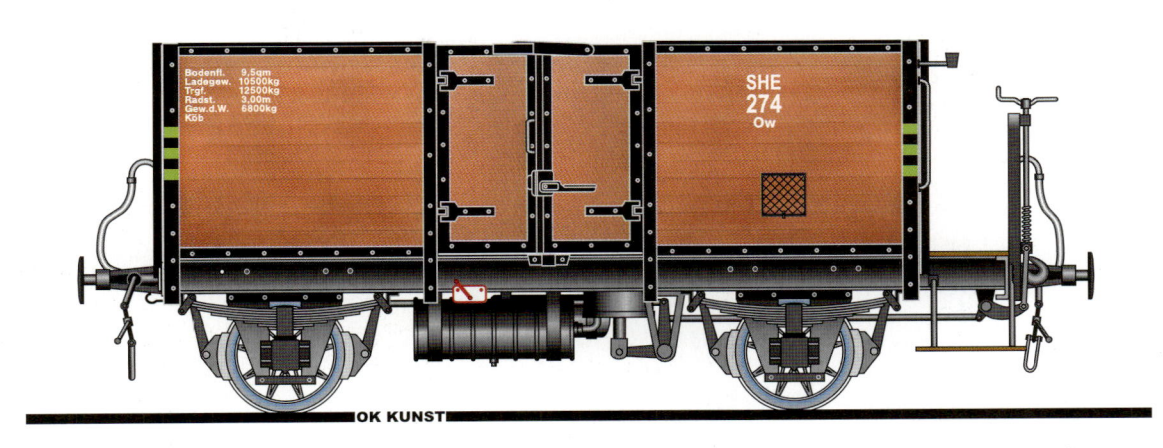

Abb. 7b: Auch der erhaltene Hochbordwagen mit Bretterwänden hat die oben genannte asymmetrische Lage der Hauptbremswelle. Bei der musealen Aufarbeitung erhielt der 274 zusätzlich zur Körtingbremse eine Druckluftbremse eingebaut, um in Zügen mitlaufen zu können. Hinter dem dicken Körting-Hilfsbehälter ist der kleinere Drucklufthilfsbehälter teilweise sichtbar. Außerdem weisen der Lastumstellhebel am Langträger und die grünen Markierungen an den Wagenecken auf das Vorhandensein der Druckluftbremse hin.
Grafiken: Olaf Otto Kurbjuweit jr.

Harzer Schmalspur-Spezialitäten

folge des praktizierten Wagenübergangs befanden sich im Moment der Netztrennung sechs SHE-Güterwagen im Bereich der NWE, die in der Folge von der Reichsbahn vereinnahmt wurden. Darunter befanden sich auch drei ehemalige Trichterwagen: der ex 264 wurde DR 99-03-45, der ex 265 wurde DR 99-72-03 und der ex 274 wurde zu DR 99-72-02 umgezeichnet.

Bei den beiden ersteren handelte es sich um Blechhochbordwagen, der dritte war ein Holzhochbord. Inzwischen sind alle diese Fahrzeuge verschrottet, bis auf einen: ausgerechnet der Holzhochbordwagen hielt bis zur Wende durch und konnte daher von der Arbeitsgruppe Nordhausen der IG Harzer Schmalspurbahnen (s. S.7) in liebevolle Obhut genommen werden. Sie restaurierte das Fahrzeug gründlich und richtete es wieder betriebsfähig her. Nach einen Neuanstrich in den alten Farben erhiel es auch wieder seine Originalnummer: SHE O 274.

Da die Harzer Schmalspurbahnen noch einige Jahre vor der Wende ihr Bremssystem wegen Ersatzteilmangels von Saugluft auf Druckluft umgestellt hatten, musste der 274 um ihn in Sonderzügen einsetzen zu können, zusätzlich zur belassenen Saugluftbremse eine Druckluftbremse erhalten.

Der erwähnte „Neuanstrich" ist nun auch schon wieder in die Jahre gekommen, aber der O 274 ex SHE gehört weiterhin zum betriebsfähigen Bestand der HSB und wird relativ häufig bei Sonderfahrten eingesetzt.

Die Interessengemeinschaft Harzer Schmalspurbahnen und der Freundeskreis Selketalbahn haben beide viel Sinn für die Bedeutung der Historie des Güterverkehrs. Daher haben sie nicht nur den 274, sondern noch eine ganze Reihe von weiteren Güterwagen restauriert und erhalten und bestellen regelmäßig bei den HSB Sonderveranstaltungen, wo diese als GmP oder gar als reiner Güterzug zum Einsatz kommen. Hier kann man Harzer Schmalspurfaszination in Reinkultur erleben.

Abb. 8: Von der Gruppe Nordhausen der IG HSB ganz frisch restauriert finden wir den SHE 274 anläßlich einer Sonderfahrt vor dem EG des Bahnhofs Harzgerode. Foto: OOK.

Abb. 9: Auf dem HSB-Betriebsgelände in Nordhausen hat die Interessengemeinschaft Harzer Schmalspurbahnen ein eigenes Areal, auf dem die vom Verein restaurierten Fahrzeuge - leider im Freien - abgestellt sind. Foto: OOK.

Abb. 10 : Am 20. Mai 2004 fanden bei der Selketalbahn Sonderfahrten mit Güterzügen und GmP statt, die vom Freundeskreis Selketalbahn organisiert worden waren. Der SHE 274 war immer dabei: Hier rollt die 99 6101 mit ihrem Güterzug von Harzgerode zurück nach Alexisbad. Foto: OOK.

Abb.11: Am Morgen des 20. Mai 2004 war die 99 6101 („Fiffi") mit ihrer Schwestermaschine 99 6102 von Gernrode aus mit einem mächtigen GmP aufgebrochen. Gemeinsam schleppten sie den schweren Zug über den Ramberg. Im Alexibad trennten sie sich dann: die 6101 fuhr mit den Güterwagen weiter, während die 6102 die Traditionsgarnitur als Personenzug weiterbeförderte. Erst fuhren sie nacheinander nach Harzgerode hinauf, dann trafen sie sich in Straßberg wieder, um dann nacheinander wieder in Alexibad einzutreffen, wo diverse Doppelausfahrten zelebriert wurden. Auf dem Heimweg musste der Fiffi in Mägdesprung die Kreuzung mit einem Planzug abwarten, der mit der 99 6001 (1'C1') bespannt war.

Harzer Schmalspur-Spezialitäten

Kap. XI
Granitbrocken aus Brockengranit
Die Steinbrüche Knaupsholz und Königsberg

Abb.1: Ein Jahr vor dem Bau der Mauer und der Einrichtung des Sperrgebietes entlang der Grenze hatten DDR-Bürger noch ein Privileg, um das sie viele Westdeutsche - und nicht nur Eisenbahnfreunde - beneideten: sie konnten mit der Brockenbahn auf den höchsten Berg Norddeutschlands fahren. Auf einer der letzten Fahrten stand Günter Albrecht auf der hintersten Plattform des Zuges und bannte dieses Bild auf seinen ORWO-Diafilm, das uns den Gleisanschluss Knaupsholz in Betrieb zeigt. Die gefüllten Loren auf der Sturzmauer warten auf die Beistellung eines Waggons. Mit freundl. Genehmigung der Red. des Eisenbahn-Journal.

Die Mehrheit der Brockentouristen, die Tag für Tag zu Hunderten den Blocksberg mit dem Zug erstürmen, merkt mit Sicherheit gar nichts. Wer sich auf der Plattform den Fahrtwind - und ab und an ein Stück Ruß - ins Gesicht blasen läßt, hat zumindest die Chance, einen zufälligen Blick auf die verfallende Mauer mit der Sturzverladung und die allmählich zuwachsenden Gleisanlagen zu erhaschen (Abb.16).

Meist ist die Aufmerksamkeit jedoch derart vom donnernden Auspuffschlag der zu Berg stürmenden 1'E1'-Maschine in Beschlag genommen, dass selbst die Eisenbahnfreunde auf der hintersten Plattform wieder heim kommen, ohne Knaupsholz „entdeckt" zu haben.

Über den Brockengranit wurde schon in Kap. III. im Zusamenang mit den Steinbrüchen auf den Hippeln und den Ladestellen an der Harzquerbahn ausführlich gesprochen. Dass es nun an der Brockenbahn selber ebenfalls Granitbrüche und zugehörige Ladestellen gab, sollte nicht verwundern, eher, dass es nur zwei waren, Knaupsholz und Königsberg. Dabei war letzterer nur eine Dependance des Granitwerkes Steinerne Renne.

Der Stein wurde am Bruch unbearbeitet verladen und mit der Schmalspurbahn dem Werk im Tal zugeführt.

Abb.2: Die klappbaren Schüttrutschen waren offenbar aus recyclierten Kesselschüssen einer abgängigen Lok gebastelt, da die (fast) platt gemachten Bleche noch die Löcher für die Nietreihen aufweisen. Bei der Mauer handelt es sich um kunstvoll aufgeschichtetes Trockenmauerwerk. Foto: OOK.

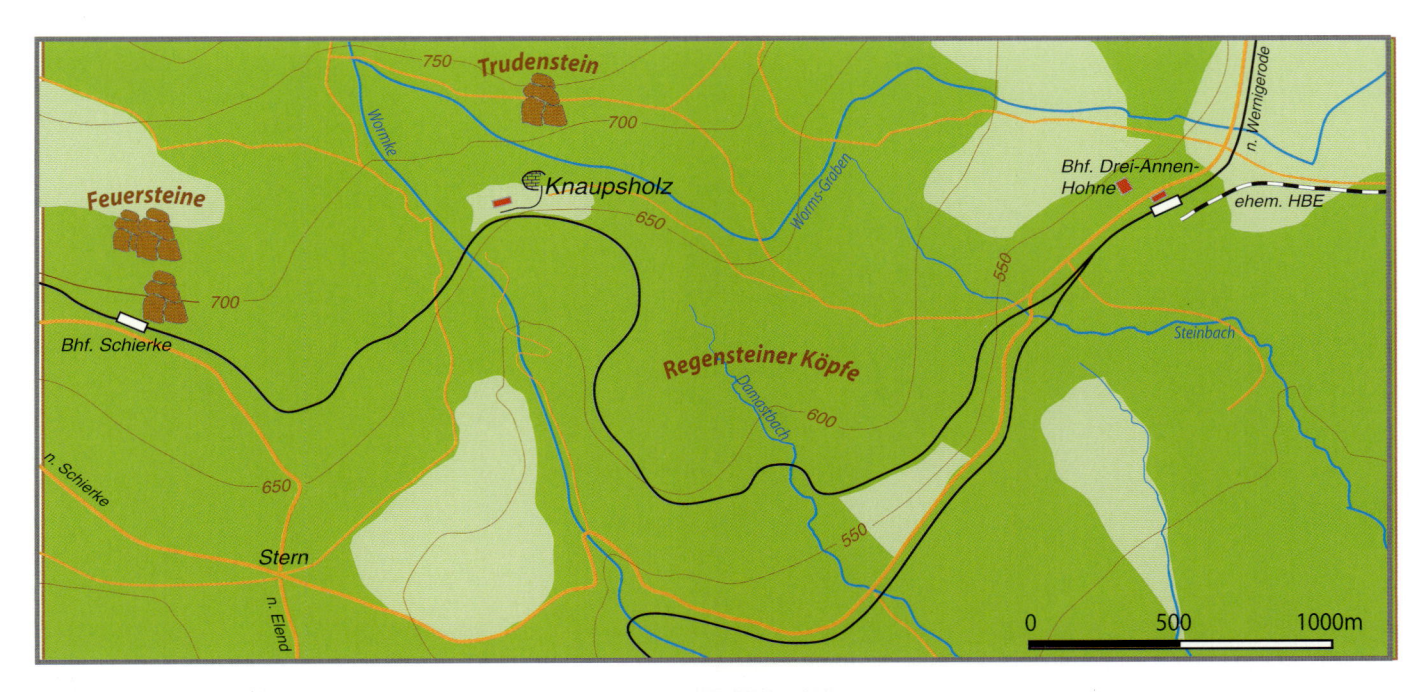

Abb.3: Das Messtischblatt zeigt die abgelegene Lage des Steinbruches Knaupsholz inmitten der durchgehend 33‰ steilen Strecke Drei-Annnen-Hohne - Schierke.

Abb.4: Kurz nach der Betriebseinstellung der Steinverladung wurde diese Aufnahme gemacht. Die Weichen liegen noch, das Lorenbahngleis ist ebenfalls noch zu sehen. Als Jahre später der Steinbruchbetrieb wieder aufgenommen wird, werden die Steine per Lkw abgefahren. Die HSB transportierte kürzlich für den neuen Bahnhof Brocken Granit. Herkunft: Polen! Foto: Slg Steimecke

Abb.5: Nach der Wende hat die Natur bereits ihre Tarnnetze über die alten Verladeanlagen geworfen, so dass kaum ein Passagier der Brockenzüge sie wahrnimmt. Foto: OOK.

Abb.6 (unten): Mit einer Spillanlage konnten die Steinbrucharbeiter die Meterspurwaggons innerhalb der Anlage selber verholen und auch die beladenen Waggons zur Abholung im oberen Gleisstummel bereit stellen. Foto: OOK.

Harzer Schmalspur-Spezialitäten

Abb.7: Vor über vierzig Jahren entstand dieses Bild, als der später „Alter Bruch" genannte Bruch (s. Karte Abb.9) erst teilweise aufgefahren war. Primitiv das Windenhäuschen für den Derrick. Da solche Bauwerke nur begrenzte Zeit standen und dann an anderer Stelle neu errichtet werden mussten, wurde auf „Finish" wenig Wert gelegt. Unterschiedlich ist die Konstruktion der beiden Derrick-Kräne. Während er alte auf der Sohle stehende einen nur mit Drahtseilen verspannten Mast hat, wird dieser beim neueren Derrick oben auf der Kante mit zwei schräg nach hinten laufenden Bäumen gesichert. Alle Fotos dieser Doppelseite: Slg. Steimecke

Die Brockenstrecke wurde 1898 bis Schierke eröffnet, der Steinbruch Knaupsholz 1903. Der grobkörnige Randgranit von recht gleichmäßig grauroter Farbe wurde in ca. 150m Entfernung von der Brockenbahn angeschnitten; bis zu der Stelle, die zur Anlage einer Verladeeinrichtung geeignet war, betrug die Entfernung ca. 250m. Daher war der Bau einer 600mm-spurigen Feldbahn notwendig. Auch innerhalb des Bruches wurde fliegende Feldbahngleise verlegt, die mit dem Fortschreiten der Abbauwand ständig vorgestreckt werden mussten.

Das Umladen der Blöcke von den kleinen Flachloren, die innerhalb des Bruches verwendet wurden, in die Kipploren zum Transport zur Brockenbahn-Ladestelle geschah mit einem sogenannten Derrick-Kran, eine Konstruktion aus Holzstämmen mit einem senkrecht stehenden Mast in der Mitte, der mit mehreren Seilen - der Seemann würde sagen mit Wanten und Stagen - verspannt war, mit schwenkbarem Ladebaum.

Der Niveauunterschied zwischen der Abbausohle und der Ebene der Sturzbühne hätte bei gleichbleibendem Gefälle des Gleises eine Neigung von über 70‰ erge-

Abb.8: Steinbrucharbeit war stets schwere Arbeit. Hier treibt ein Spalter mit dem Vorschlaghammer die zwei Dutzend Keile, die den Granitblock spalten sollen. Vor 1939 gab es in Knaupsholz keine Elektrizität, daher auch keine Pressluft. Bis dahin musste auch das Vorbohren der Löcher für die Keile von Hand durchgeführt werden. Wenn man den ganzen Tag auf Stein geschlagen hat, fühlt man abends seine Hände nicht mehr.

ben. Das war bremstechnisch unmöglich, so dass die Anlage eines Schrägaufzuges nötig wurde. Auf den beiden 22° geneigten Gleisen läuft je ein Plattformwagen,

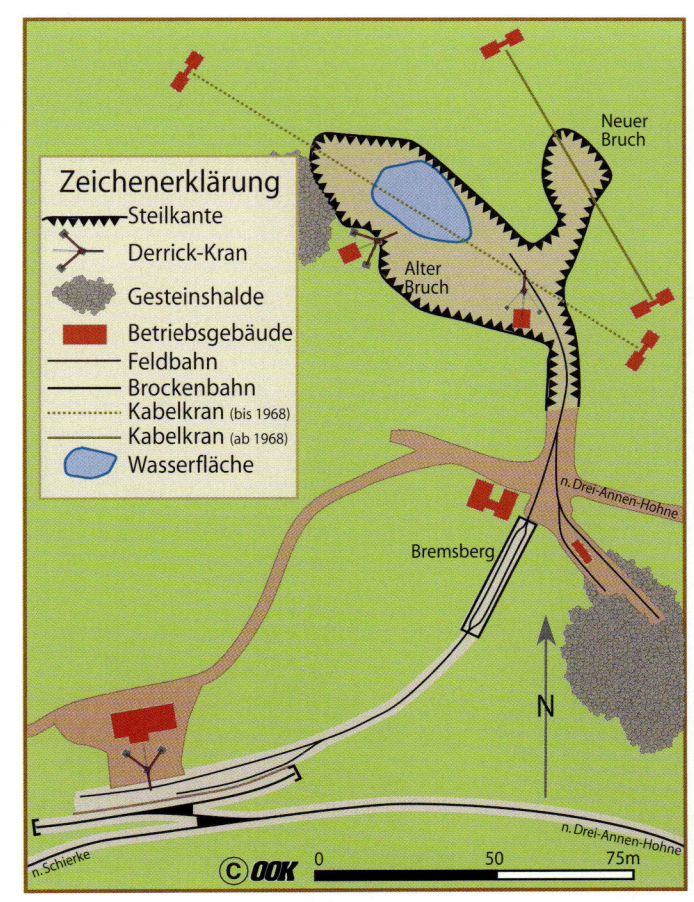

Zeichenerklärung
- Steilkante
- Derrick-Kran
- Gesteinshalde
- Betriebsgebäude
- Feldbahn
- Brockenbahn
- Kabelkran (bis 1968)
- Kabelkran (ab 1968)
- Wasserfläche

Abb.9: Der Bruch war ca. 250m von der Ladestelle an der Brockenbahn entfernt und lag ca. 15m höher als die Sturzbühne. Grafik OOK n. Vorlage W. Steiner

Abb.10: Innerhalb des Bruches wurden die Blöcke mit Flachloren verfahren, auf die sie per Hand unter Zuhilfenahme von Brechstangen und Handwinden geladen werden konnten. Für den Verschub innerhalb des Bruchgeländes wurden um 1960 von der Wismut in Johanngeorgenstadt zwei Akkuloks erworben, für deren Einsatz es jedoch keine fotografischen Belege gibt.

Abb.11: Vom Bruch zur Ladestelle an der Brockenbahn wurde das Gestein mit Kipploren befördert, wobei nicht klar ist, ob ab Fuß des Bremsberges mit Handverschub oder mit Schwerkraft gefahren wurde.

Abb.12+13 (links und unten): Wegen des großen Niveauunterschiedes zwischen Abbausohle und Sturzbühne mussten die Feldbahnloren auf einem 22° steilen Bremsberg auf Plattformwagen hinuntergelassen werden. Diese waren so konstruiert, dass die Oberfläche mit einem Stück Lorengleis darauf in der Waagerechten lag. Die Anlage funktionierte umweltfreundlich ohne Energie, nur mit Schwerkraft und Reibung.

Harzer Schmalspur-Spezialitäten

dessen Konstruktion die Schieflage ausgleicht, so dass die Feldbahngleise an der Oberfläche in der Waagerechten liegen. Wieviele Loren gleichzeitig befördert werden konnten, ist nicht bekannt, es dürften zwei oder drei gewesen sein. Am umlaufenden Seil bildete der mit Leerloren beladene zu Berg fahrende Plattformwagen ein gewisses Gegengewicht zum schweren talwärts fahrenden Wagen. Dennoch waren hohe Bremskräfte erforderlich, um den mit schweren Steinloren beladenen Wagen sicher zu Tal zu bekommen, daher auch der Name Bremsberg für eine solche schiefe Ebene.

Interessanterweise funktionierte die Anlage ohne Energie (die ja zunächst auch nicht vorhanden war). Da die Lastrichtung talwärts war, reichte die Schwerkraft als Antrieb aus. Gebremst wurde rein mechanisch. Der Steinbruch Knaupsholz funktioniert auch heute (wieder). Aber die alten Verladeanlagen an der Brockenbahn werden dank direktem Lkw-Transport nicht mehr benötigt. In wenigen Jahren wird man eine Machete benötigen, um sie im Unterholz des Waldes zu finden.

Abb.14: Der Pylon des Kabelkrans, der 1959 errichtet wurde, erlaubt eine ungefähre Bilddatierung. Der alte Bruch ist bereits weit aufgefahren, an einer tiefen Stelle hat sich ein See gebildet. Blickrichtung ist etwa Südosten. Foto: Slg. Steimecke

Abb.15: Vom Trudenstein aus, einer typischen Wollsackverwitterung des Brockengranits (auf gutem Wanderweg von Drei-Annen-Hohne aus zu erreichen), hat man noch heute einen guten Blick in das Steinbruchgelände. Der Pylon des Kabelkranes, der 1968 vom alten Bruch an diesen Platz verlegt wurde, steht nutzlos herum. Der wieder aufgenommene moderne Steinbruchbetrieb benötigt ihn nicht. Foto: OOK.

Abb.16: Heute werden die Werksteine direkt auf Lkw verladen und ins Tal befördert. Die alte Verladeanlage an der Brockenbahn wird bald vom Wald verschlungen sein. Foto: Steimecke

Der Steinbruch am Königsberg

Der Königsberg ist ein südwestlicher Vorgipfel des Brockens. Sein höchster Punkt (1023m) liegt unweit östlich der Station Goetheweg der Brockenbahn. Erst 1899, nachdem die Bahn bis auf den Brocken in Betrieb gegangen war, konnte an seinem Südhang ein Steinbruch aufgefahren werden, um an den dort lagernden hellroten Dachgranit bester Qualität zu gelangen.

Mit 870m über dem Meere war dies die höchstgelegene Abbaustelle im Harz. Infolge des rauhen Klimas konnte dort auch nur in den Monaten Mai bis Oktober gearbeitet werden. Die schwierigen Arbeitsbedingungen sowie eine Rezession bei der Stammfirma (Granitwerk Steinerne Renne) führten schon 1915 zur Aufgabe des Steinabbaus am Königsberg. Aber noch heute, fast neunzig Jahre nach Betriebseinstellung, ist die 60m lange und 15m hohe Abbauwand gut zu erkennen. Die Reste der ehemaligen Verladeanlage (in den Granit eingelassene Stahlanker sowie eine 70m lange Rampe) bleiben dem aufmerksamen Beobachter nicht verborgen.

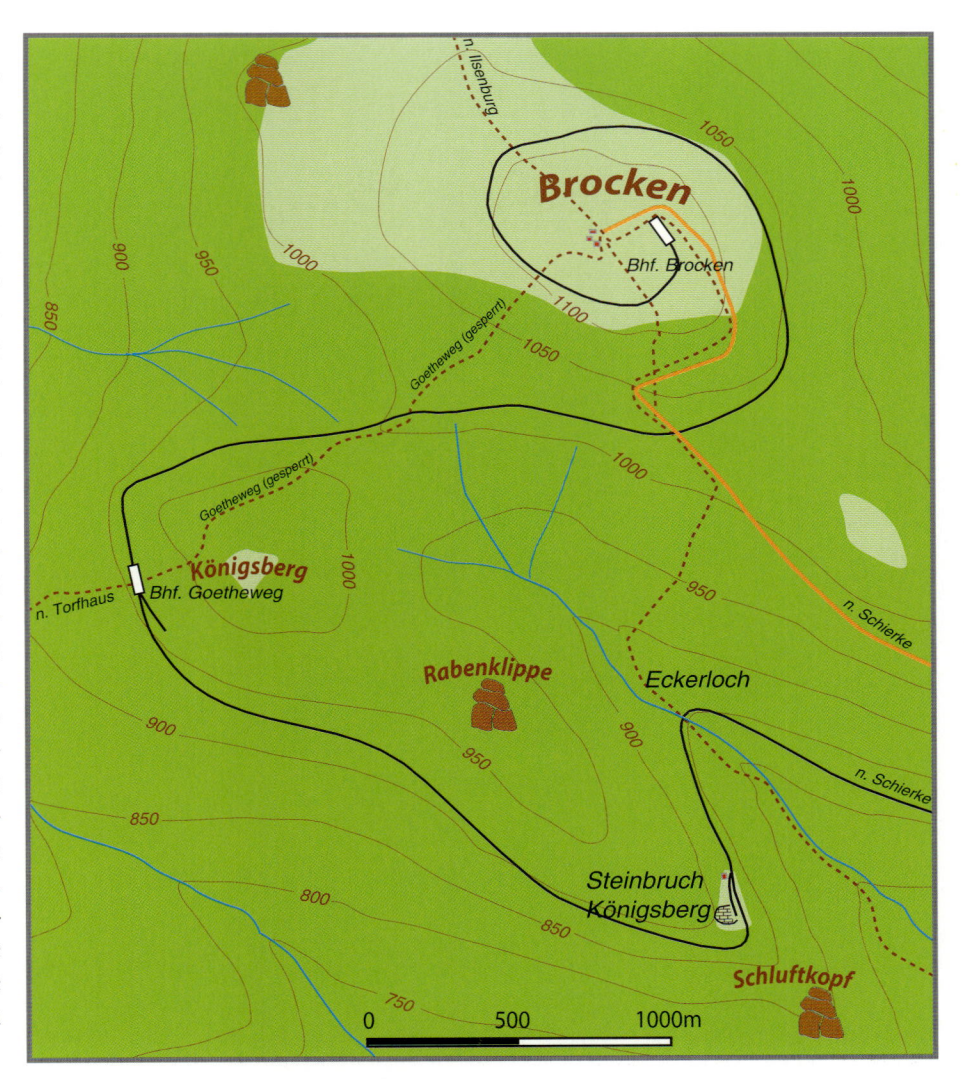

Abb.17: Liegt der Bruch Knaupsholz schon sehr abgelegen im Bergwald, so gilt dies für den Bruch am Königsberg noch viel mehr. Hierhin führte bis zum Bahnbau kein Straße, kein Weg. Auch heute nicht. Die gestrichelten Linien in der Karte sind Wanderwege, wobei zu beachten ist, dass der eigentliche Goetheweg, auf dem der große Dichter tatsächlich den Berg erklommen hat, heute aus Naturschutzgründen gesperrt ist. Ersatzweise heißt der Weg entlang der Bahn heute Goetheweg.

Abb.18 (rechts): Die Anlagen am Königsberg waren bescheiden, entsprechend wenig ist übrig geblieben, wenn man einmal von der 15m hohen Abbauwand absieht.

Eine Bearbeitung der Rohblöcke hat am Königsberg nur beschränkt stattgefunden; das meiste wurde sofort auf die Bahn verladen und zur Bearbeitung ins Werk Steinerne Renne gefahren. Heute heult hier oben nur der Sturm. Still ruht der Berg. Aber schon 1968 empfahl W. Steiner in einem Beitrag für die Wissenschaftliche Zeitung der Technischen Hochschule für Architektur und Bauwesen in Weimar der DDR-Führung die Wiederaufnahme des Abbaus. Vergebens.

Abb.17: Die Station Goetheweg der Brockenbahn, direkt am Königsberg gelegen, ist heute kein offizieller Haltepunkt, sondern nur Betriebshalt für das Kreuzen von Zügen. Dabei muss der zuerst kommende Zug in das rechts im Vordergrund sichtbare Stumpfgleis zurückdrücken, daher der Spitzname *Rückdrückgleis*. Nach der Vorbeifahrt des zweiten Zug kann der erste wieder ins Streckengleis vorziehen. Foto: Steimecke

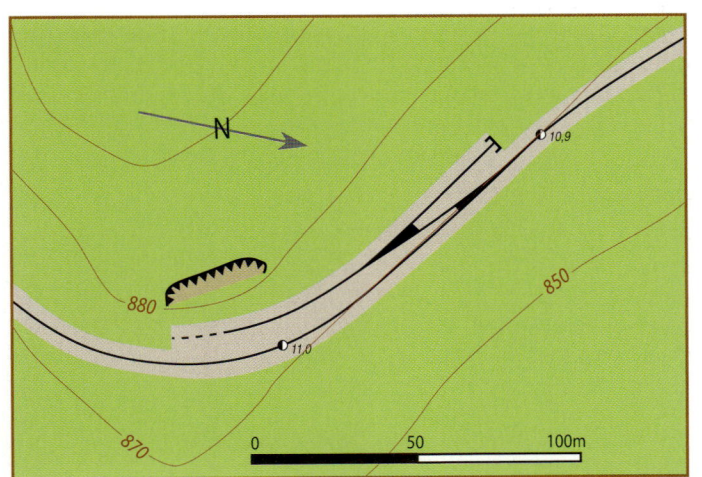

Harzer Schmalspur-Spezialitäten

Kap. XII

Wollnwer 'ne reinlassen?
Zugkreuzungen in Kaiserweg

Abb. 1: Auf der 600m hoch gelegenen kahlen Harzhochfläche bläst im Winter ein schneidender Ostwind, der die SHE-Trasse immer wieder zuwehte. Hier hat der in Braunlage stationierte Schneepflug dem T 02 den Weg bereits frei gemacht, der gerade in die Station Kaiserweg einläuft. Rechts vom Gebäude die Trapeztafel für die Gegenrichtung. Foto: Hampe, Slg Dörner

Zwar nicht im Walde, aber mindestens genauso einsam wie Stöberhai lag die Station Kaiserweg der Südharzbahn auf der Harzhochfläche (s. Karte S. 19). Auf ziemlich genau 600m über dem Meere kreuzte die SHE-Trasse die Straße Wieda - Braunlage und den namensgebenden Wanderweg, einen alten kaiserlichen Postweg, der einst von Bad Harzburg quer über den Harz, westlich an Braunlage vorbei nach Ellrich führte.

Bedarf für eine Station mit Empfangsgebäude gab es hier noch weniger als am Fuße des Stöberhais, den zu Zeiten Wanderer in größerer Zahl aufsuchten. Hier auf der kahlen Hochfläche warteten eher Spaziergänger auf den Zug, denen auf dem Weg nach Braunlage die Puste ausgegangen war.

Dass an dieser Stelle ein richtiges Stationshäuschen stand, lag vielmehr an der Tatsache, dass die SHE hier ein Stumpfgleis für eine Holzladestelle anlegte, das gelegentlich für Zugkreuzungen genutzt wurde. Dabei dürfte es sich wohl mehrheitlich um verlegte Kreuzungen gehandelt haben, also Zugkreuzungen, die planmäßig an einem besetzten Bahnhof stattfinden sollten, aber wegen Verspätung eines der Züge verlegt werden mussten. Die Bahnhöfe Stöberhai und Brunnenbachsmühle lagen etwa zehn Kilometer voneinander entfernt, im Fahrplan von 1923 benötigte ein bergwärts fahrender Zug dafür 30 Minuten. Da war eine zusätzliche Kreuzungsmöglichkeit natürlich sehr willkommen, auch wenn es sich nur um ein Stumpfgleis handelte.

Wenn Züge an einer Betriebsstelle kreuzen sollen, dann muss die Möglichkeit bestehen, Zuglaufmeldungen abzugeben, das bedeutete in früheren Zeiten das Vorhandensein eines Fernsprechers. Das in Abb. 7 und 8 sichtbare F-Schild bedeutete, dass sich im Gebäude ein solcher befand.

Abb. 2: Eigentlich soll der Sperrbalken des Ladegleises von Kaiserweg mit dem Vorhängeschloss verschlossen sein. Wenn das Gleis jedoch leer zurückgelassen wurde, verzichtete das Personal schon mal auf die Einhaltung dieser Vorschrift. Foto: Spühr

Abb. 3+4 Der Bedarfsgüterzug nach Braunlage hat in Kaiserweg ins Stumpfgleis umgesetzt und wartet nun auf seinen Gegenspieler. Der lässt nicht lange auf sich warten. Bald steht er vor der Trapeztafel und gibt einen Achtungspfiff. „Lass 'ne rein!" sagt der Zugführer zum Lokführer der Lok 56. Der pfeift lang-kurz-lang (Signal Hr 2) und schon brummt der Triebwagenzug, der den TA und einen zusätzlichen Stückgutwagen mitführt, in die Station. Foto oben: Detlev Luckmann, Foto unten: Alfred Spühr

Der zuerst eingefahrene Zug - welcher das ist, sagt der Buchfahrplan oder gegebenenfalls der Zugleiter - setzt in das Stumpfgleis um. Der Zugführer dieses Zuges ist nun örtlicher Fahrdienstleiter. Er schließt den Dienstraum in dem kleinen Stationsgebäude auf und meldet dem Zugleiter fernmündlich, dass sein Zug in Kaiserweg nach Gleis 2 umgesetzt hat und dass die Weiche wieder in Grundstellung liegt. Der zweite Zug hat den Auftrag, vor der Trapeztafel zu halten und das Achtungssignal zu geben. Wenn alles so fertig ist, wie eben be-

Harzer Schmalspur-Spezialitäten

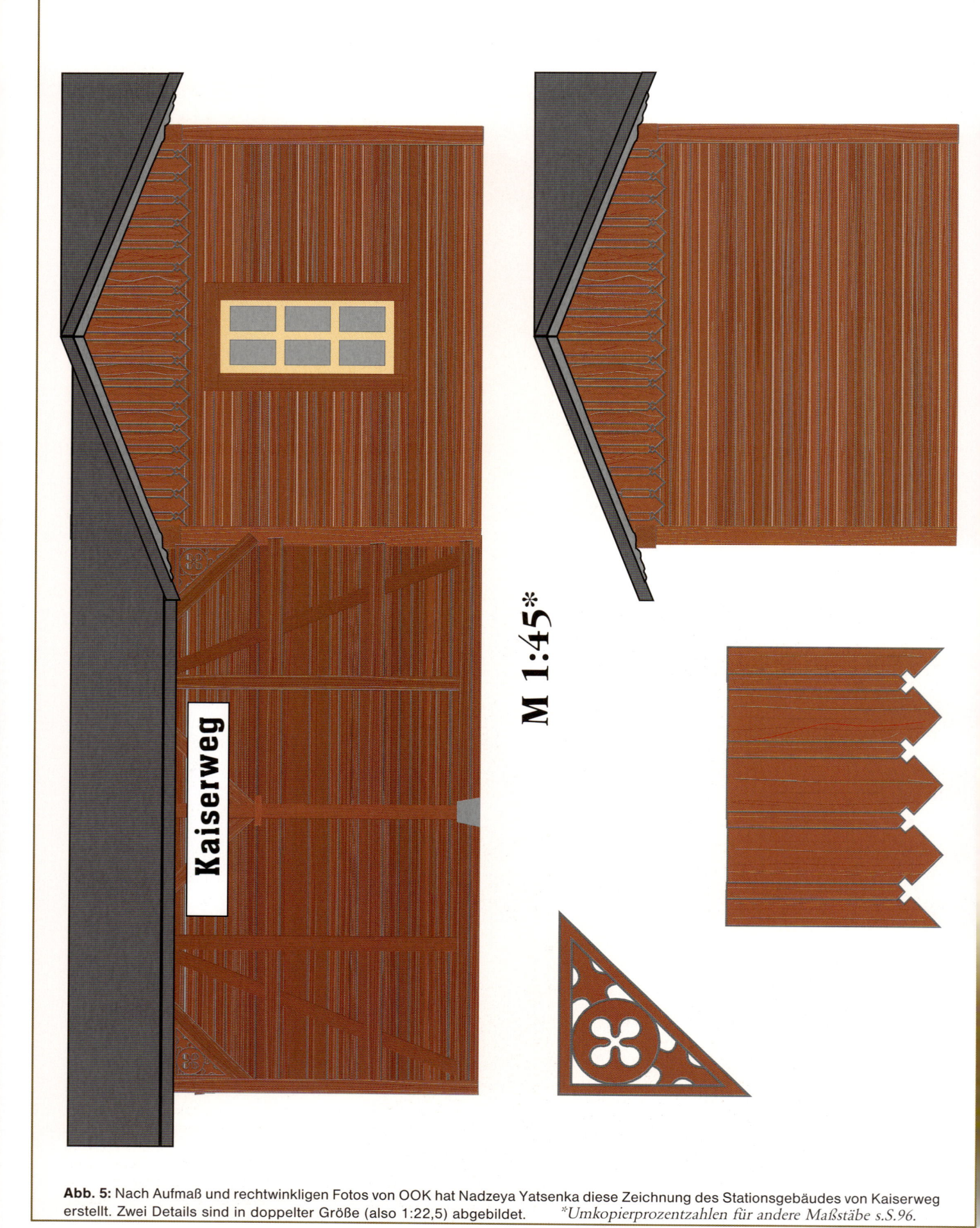

Kaiserweg

M 1:45*

Abb. 5: Nach Aufmaß und rechtwinkligen Fotos von OOK hat Nadzeya Yatsenka diese Zeichnung des Stationsgebäudes von Kaiserweg erstellt. Zwei Details sind in doppelter Größe (also 1:22,5) abgebildet. *Umkopierprozentzahlen für andere Maßstäbe s.S.96.

Abb. 6: Lange ist's her, dass am Ladegleis von Kaiserweg Holz zur Verladung lagerte, ein Ansichtskartenmotiv, das heute kaum verkäuflich wäre, außer eben als historische Postkarte. Slg. OOK

schrieben, kann der Zugführer des Zuges im Stumpfgleis seinem Lokführer den Auftrag geben, den draußen wartenden Zug hereinzulassen, das heißt, das Signal „Kommen" zu geben: lang-kurz-lang mit der Dampfpfeife. Dann kommt der Zug herein und fährt als erster wieder ab. Sodann kann der erste Zug aus dem Stumpfgleis ins Hauptgleis vorrücken, die Weiche wird zurück in Grundstellung gelegt und verschlossen, nun kann auch dieser Zug abfahren - und in Kaiserweg herrscht wieder Stille.

Abb. 7 Der Schnee von Abb.1 ist geschmolzen, sommerliche Temperaturen bescheren der Südharzbahn wieder mehr Fahrgäste. Der Triebwagen T 02 und der zum Triebwagenanhänger umgebaute Personenwagen Nr.1, beide in schmuckem Weinrot, haben gut zu tun, die Wanderer nach Braunlage zurück zu befördern. Wenn der Zug fort ist, hört man nur noch das leise Summen der Bienen. Foto: Detlev Luckmann

Abb. 8: Neben dem stets verrammelten Dienstraum gab es eine offene Wartehalle mit Sitzbank und Fahrplan, der zu damaliger Zeit noch keine „Verzierung" aus der Sprühdose über sich ergehen lassen musste. Stattdessen wurden solche hölzernen Profanbauten im Harz schon immer mit allerlei liebevollen Zierarbeiten ausgestattet. Foto: Pieker

Harzer Schmalspur-Spezialitäten

Kap. XIII
Echtes Harzwasser für durstige Loks
Die Saugstellen für Pulsometer bei NWE und SHE

Abb.1: Nichts los in Brunnenbachsmühle. Früher, also vor dem Kriege, war dies ein geschäftiger Abzweigbahnhof, von wo aus die aus Braunlage kommenden Züge teils nach Walkenried, teils nach Tanne weiterfuhren. Brunnenbachsmühle hatte sogar ein Einfahrsignal (s. Kap.I, S. 17). Noch früher gab es hier auch noch einen SHE-eigenen Steinbruch, der aber nicht lange arbeitete. Alles vorbei. Was also gibt es zu sehen beim Blick in diese verschlafene Station? Etwa die Trapeztafel, die da nun statt des Einfahrsignals steht? Nein, hier geht es um die bizarre Apparatur mit dem Schauch, der auf einen Holzgestell ruht. Foto: Detlev Luckmann

Dass Dampfloks Wasser brauchen, sogar verbrauchen, ist bekannt. Gutes Wasser soll es sein, möglichst kalkarm vor allen Dingen. Das ist im Harz kein besonderes Problem, denn der besteht weitgehend aus Granit, Kupferschiefer, Grauwacke und Diabas. Kalkiges kommt mehr am Harzrand vor, etwa bei Münchehof, die Gipsbrüche bei Osterode und bei Niedersachswerfen, sowie die Dolomitlagerstätten bei Scharzfeld und noch einige andere.

Die Beschaffung des Kesselspeisewassers ist also nicht schwierig. Aber es muss auch an den richtigen Stellen zur Verfügung stehen und zwar dauernd. Die im Flachland üblichen Wassertürme, in denen das Wasser in Hochbehälter gepumpt wird und dann mit dem der Fallhöhe entsprechenden Druck zu den Lokwasserkränen fließt, braucht man in den Bergen in der Regel nicht. Hier genügt es oft, das Wasser in ausreichender

Abb.2: Da sehen wir das eigenartige Konstrukt von nahem. An einem aus der Erde kommenden Rohr ist ein Schlauch angeflanscht, der eigentlich auf dem schrägen Brett abgelegt sein soll, aber wohl aus Unachtsamkeit herunter hängt. Foto: Harald O. Kindermann

Abb.3: Um unnötige Reisezeitverlängerungen zu vermeiden, wurden Wasserversorgungsstellen gern an Stationen eingerichtet, an denen die Züge ohnehin länger halten mussten, also speziell auch Abzweigbahnhöfe. Brunnenbachsmühle (Abb.1+2) war so einer. In Sorge kreuzten sich SHE und NWE und hatten Verbindung miteinander. Hier stand bis kurz nach der Wende noch dieser Rest von einer Saugstelle. Foto: OOK.

Saugstelle für Pulsometer bei NWE und SHE
M 1:45*

*Umkopierprozentzahlen für andere Maßstäbe s.S.96

Abb.4: Dank des noch vorgefundenen Rohrgestells in Sorge, das aufgemessen wurde, konnte anhand der Fotos die gesamte Anlage zeichnerisch rekonstruiert werden. In Drei-Annen-Hohne existiert auch noch eine ähnliche Wasserversorgungsstelle, die aber stark verändert wurde.

Höhe über der geplanten Lokversorgungsstelle in einem Behälter aufzufangen und per Rohr weiter zu leiten. Aber selbst diesen Behälter und dieses Rohr haben sich die Schmalspurbahnen im Harz, speziell die Südharzbahn und die Nordhausen-Wernigeroder-Eisenbahn, gern gespart. Sie nutzten die von der Fa. Körting in Hannover entwickelte Methode aus, bei der die Loks mit der ohnehin vorhandenen Dampfstrahlpumpe das Speisewasser aus tiefergelegenen drucklosen Wasservorräten in die Wasserkästen saugen. Eine so angewandte Dampfstrahlpumpe nennt man Pulsometer. Zur Wasserentnahme geeignet waren Bäche, auch verrohrte, sowie Teiche und künstliche Wasserläufe. Heute wird diese Methode nirgends mehr angewandt. Halt, doch: bei der Museums-Eisenbahn Bruchhausen-Vilsen - Asendorf wird das bei besonderen Anlässen vorgeführt. Auch so etwas ist praktizierte Eisenbahngeschichte.

Abb.5: Lok 56 der Südharzbahn bereits kalt abgestellt in Braunlage. Ihr Todesurteil ist schon gefällt: Hochofen. Sehr gut zu sehen sind hier jedoch die Rohrleitungen für das Wassernehmen per Schlauch und Dampfstrahlpumpe (Pulsometer). An den vom weißen Kreis umrahmten Schraubanschluss wurde der in den Abb.1-3 sichtbare Schlauch angeflanscht. Foto: OOK.

Harzer Schmalspur-Spezialitäten

Kap. XIV

Ein Elender Schuppen
Der Güterschuppen des Bahnhofs Elend der NWE

Abb.1: Leider hat der Fotograf diesen klassischen Schmalspurbahn-Güterschuppen ein wenig spät entdeckt und nicht gleich unmittelbar nach der Wende, als er noch nicht durch die Errungenschaften westlicher Zivilisation verstellt war, sondern ab und an noch ein Stückgutwagen vor seiner Rampe Platz nahm. Immerhin steht er noch, selbst die hölzerne Rampe ist noch vorhanden. Alle Fotos: OOK.

Freiladegleis, Rampe und Güterschuppen, das waren einst, als die Eisenbahnen noch die Hauptlast des Güterverkehrs trugen, die unabdingbaren Ausstattungsteile eines jeden Bahnhofs. Das war bei Schmalspurbahnen nicht anders.

Heute, wo selbst die Güterschuppen von Großstädten zu Baumärkten oder Möbellager umfunktioniert sind, sucht man sie an Schmalspurbahnen erst recht vergeblich. Aber einige haben überlebt, dazu gehört gottlob dieses klassische Exemplar, das im Gegensatz zum angeschriebenen Stationsnamen kein bißchen elendig ist, sondern trotz gewisser Verfallserscheinungen wunderschön.

Im Gegensatz zu süddeutschen Gegenden, wo der Güterschuppen am Hauptdurchfahrgleis stand und die gemischten Züge so halten mussten, dass der mitgeführte Pack- oder Stückgutwagen genau vor dem Güterschuppen zu stehen kam, zog man im Norden und Osten Deutschlands die Position des Schuppens an einem extra Stumpfgleis vor. Das hatte den Zweck, bei höherem Frachtaufkommen einen Stückgutwagen dort absetzen zu können, damit er in Ruhe, also meist über Nacht, be- und entladen werden konnte.

Abb.2: Die verfallende hölzerne Rampe auf der Gleisseite musste aus Sicherheitsgründen entfernt werden, aber die Schönheit des Fachwerks ist noch zu erkennen.

Diese Lösung favorisierte auch die Nordhausen-Wernigeroder-Eisenbahn, und der Betonklotz rechts vor dem Güterschuppen (Abb.1) lässt noch heute des Ende des ehemaligen Schuppengleises erkennen, auch wenn die Schienen längst fort sind, der ehemals aus abgewinkelten

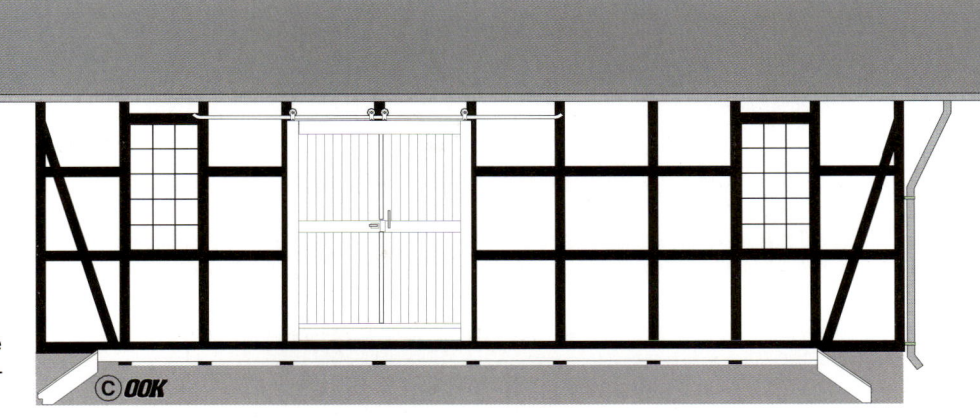

M 1:87*

Abb.3: Strassenseite und Ostseite des Güterschuppens Elend im H0-Maßstab.*

*Umkopierprozentzahlen für andere Maßstäbe s.S.96

Schienen geformte Prellbock natürlich schon viel länger.

Der Elender Schuppen kann deshalb „klassisch" genannt werden, weil er trotz seiner bescheidenen Ausmaße die typischen Proportionen eines norddeutschen Güterschuppens hat und weil er in Fachwerk mit Ziegelausmauerung erstellt wurde. Dieses Fachwerk wurde nicht verputzt, auch das sehr typisch, sondern nur an der Wetter-, also der Westseite mit Brettern verschalt. Mag diese Verbretterung auch ab und an erneuert worden sein, das schöne Fachwerk hat die Zeiten weitgehend unbeschadet überstanden.

Nur in einem ist dieses Objekt weniger typisch: die meisten Güterschuppen der NWE hatten zwar, wie schon erwähnt, ihr eigenes Stumpfgleis, standen jedoch nicht frei, sondern waren an das Empfangsgebäude angebaut. Das hatte bei kleineren Stationen den Vorteil, dass der oft einzige Bedienstete problemlos zwischen Dienstraum und Güterboden pendeln konnte. Die Größe des Empfangsgebäudes von Elend sowie das Vorhandensein eines Stellwerks (s. Kap.II) zeigen, dass der Bahnhof Elend nicht zu den kleinen gehörte. Da machte es Sinn, den Betrieb zu entzerren und den Güterschuppen mit einem extra Bediensteten separat anzuordnen.

Die Lage am Stumpfgleis hat Vor- und Nachteile. Beispielsweise ist es in Österreich und in der Schweiz üblich, das Frachtenmagazin, wie man in Austria sagt, am so genannten Hausgleis anzuordnen. Das ist

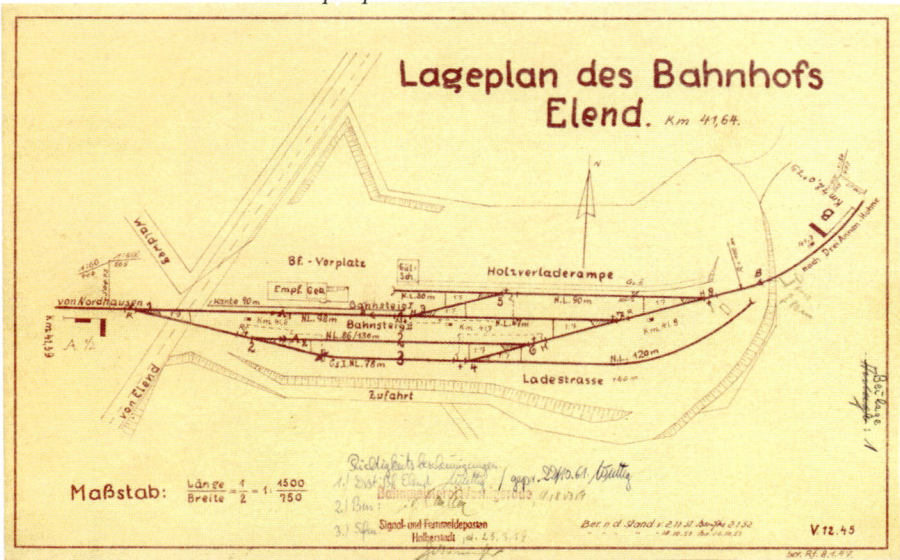

Abb.4: Der originale Dienst-Gleisplan von Elend aus dem Jahre 1961 zeigt die separate Lage des Güterschuppens. Die falschen Proportionen resultieren aus der 1:2-Verzerrung des Plans, die üblich war, damit zwischen den Gleisen genug Informationen untergebracht werden konnten. Slg Steimecke. **Abb.5 (unten):** Schiebetürdetail

Harzer Schmalspur-Spezialitäten

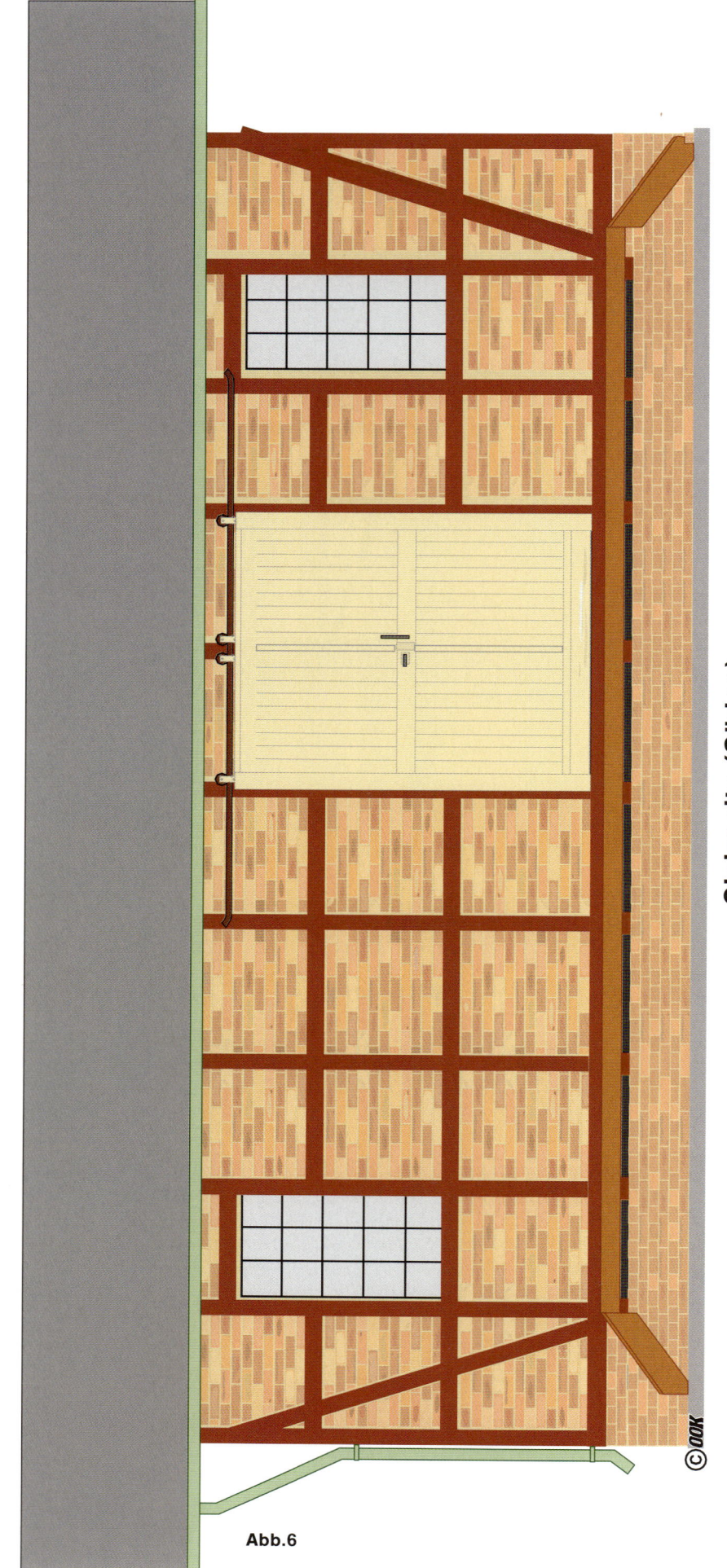

Gleisseite (Süden)

Güterschuppen Bhf. Elend der NWE

M 1:45*

Abb.6

Harzer Schmalspur-Spezialitäten

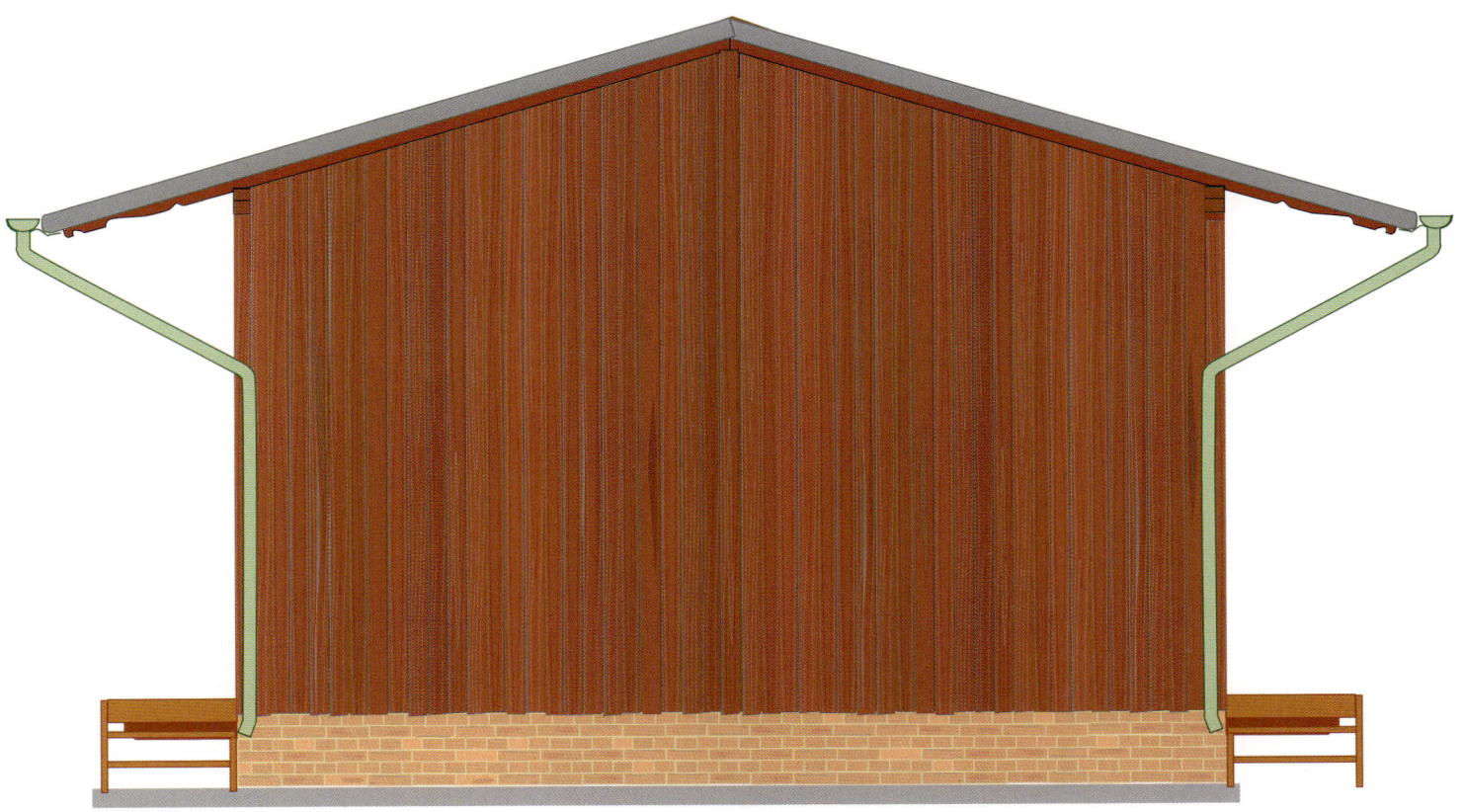

Westseite

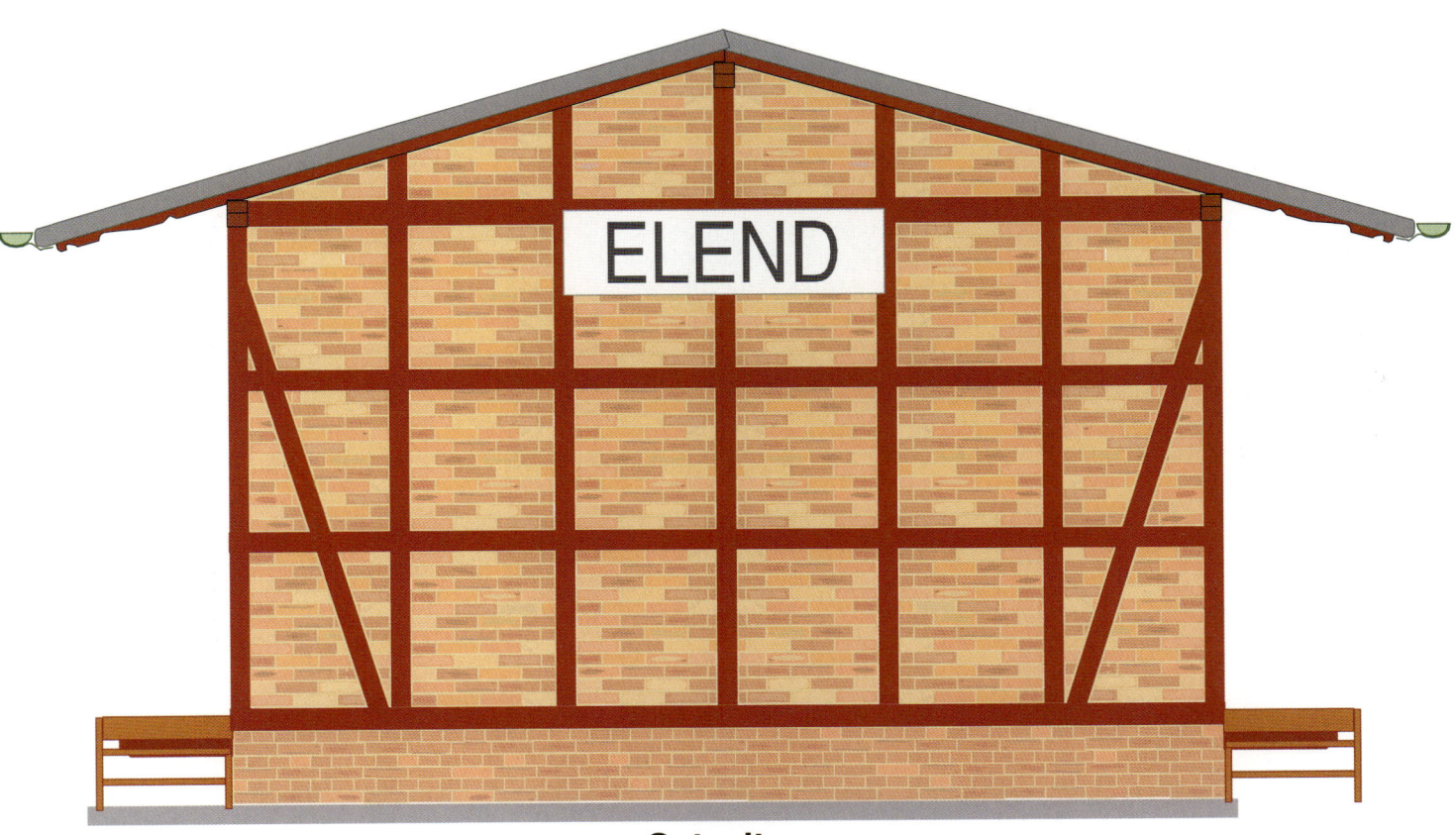

Ostseite

ELEND

Umkopierprozentzahlen für andere Maßstäbe s.S.96

Abb.7a+b

Harzer Schmalspur-Spezialitäten

Abb.8 (Oben): Der Blick mit der Lupe auf das Fachwerk lohnt sich: alle Balken sind nicht einfach vierkantig, sondern zwischen den Knotenpunkten kunstvoll angefast.

Abb.9: Beide Rampen waren freitragend und ruhten auf den durchgeführten Fußbodenbalken statt, wie üblich, auf gemauerten Säulen. Das war allerdings auch der empfindlichste Teil des Schuppens, da die Holzkonstruktion den Unbilden der Witterung ständig ausgesetzt ist. Die morsche gleisseitige Rampe musste daher aus Sicherheitsgründen abgesägt werden.

Abb.10 (links): Obwohl sie eigentlich die schöne Schmalseite ist, kommt die Ostseite des Schuppens seltenen aufs Bild. Und so wie hier ist sie auch nicht mehr zu fotografieren, da steht heute einfach zu viel davor: Parkscheinautomat, Papierkorb und je nach Jahres- und Tageszeit hunderte von Autos der Brockentouristen.

Abb.11 (links): Sowohl die Ziegelsteine als auch die hölzerne Schiebetür haben eine auffallend helle Farbe. Die Schiebetür ist zweiteilig, was auch das teilweise Öffnen ohne große Anstrengung ermöglicht.

Abb.12 (S. 95 unten): Der Blick unter die Dachsparren über der Rampe verrät uns viel über die Liebe zur Sache, mit der einst solche Profanbauwerke errichtet wurden. Es wäre eigentlich schade, wenn solche Kunstwerke eines Tages einfach platt gemacht würden.

Abb.11: Die Straßenseite ist das genaue Spiegelbild der Gleisseite. Als Nordseite ist sie düster und schlecht abzulichten. zudem teils sie das Schicksal aller Straßenseiten von Eisenbahnhochbauten, sie bleibt meist unbeachtet. Der Parkscheinautomat sollte uns nicht allzu sehr verdrießen, trägt er doch zur Finanzierung der Harzer Schmalspurbahnen bei. Man hätte ihn gewiss anders platzieren können.

ein beidseitig angeschlossenes Gleis, das auch als Durchfahrgleis genutzt werden. So können Wagen von jedem Zug, gleich in welche Richtung er fährt, ohne Probleme ausgesetzt oder aufgenommen werden. Beim Stumpfgleis ist der aufgestellte Wagen zwar besser aus dem Weg, es erfordert jedoch bei einem Zug, der in die „falsche" Richtung fährt, ein zweimaliges Umfahren des Zuges durch die Lokomotive.

Der Bahnhof0 Elend (s. Gleisplan Abb.4) war jedoch für solche zusätzlichen Rangierfahrten gut ausgerüstet. Selbst wenn Gleis 2 von einem Zug belegt war, konnte auf dem Abschnitt zwischen den Weichen 3 und 8 eine Wagengruppe umfahren werden. Noch ist der schöne Güterschuppen vorhanden, noch wäre es denkbar, ihn einer Nutzung zuzuführen, die seine Restaurierung und seinen Erhalt zuläßt und/oder gar finanziert. Denn: dieses Gebäude hat hohen bahnhistorischen Wert, wie auch das Stellwerk auf dem Bahnsteig von Elend.

Harzer Schmalspur-Spezialitäten

Literaturverzeichnis und benutzte Quellen:

01. Röper, Hans / Zieglgänsberger, Gerhard: **Harzquerbahn und Südharzeisenbahn.** VEB-transpress, Berlin 1986
02. Röper, Hans / Zieglgänsberger, Gerhard: **Die Selketalbahn.** VEB-transpress Berlin 1987
03. Röper, Hans / Zieglgänsberger, Gerhard: **Die Harzer Schmalspurbahnen** (Zusammendruck von 01. und 02.), transpress-Verlag Stuttgart 1999
04. Bornemann, Manfred: **Die Südharz-Eisenbahn**, Piepersche Verlagsanstalt Clausthal-Zellerfeld 1981
05. Högemann, Josef: **Eisenbahnen im Harz II**, Verlag Kenning, Nordhorn 1996
06. Finke, Wolfgang / Bethke, Matthias: **Die Fahrzeuge der Harzer Schmalspurbahnen**, Verlag Schweers + Wall, Aachen 2004
07. Steiner, Walter: **Die Harzer Granite und ihre Verwendung als Werk- und Dekorationssteine** in *Wissenschaftliche Zeitschrift der Hochschule für Architektur und Bauwesen Weimar* Heft 5, Weimar 1968
08. Steimecke, Jürgen: **Der Steinbruch Knaupsholz** in *Harzbahn-Post* (Zeitschrift der Interessengemeinschaft Harzer Schmalspurbahnen) Ausgabe 2/03, Wernigerode 2003
09. Steimecke, Jürgen: **Der Steinbruch Königsberg** in *Harzbahn-Post* 1/03, Wernigerode 2003
10. Dörner, Winfried: **Die Wurmbergstrecke der Südharzbahn** in *Mittelpuffer - Schmalspurbahn-Magazin,* Ausgabe 29, Bremen 2001
11. Kurbjuweit, Otto O.: **Hp Kaiserweg der Südharz-Eisenbahn in 0m** in *Hp 1-Modellbahn* 3/84, Nienburg/W. 1984,
12. Kurbjuweit, Otto O.: **Bhf. Stöberhai der Südharzbahn (SHE)** in *Der Mittelpuffer* Nr. 21, Bremen 1999
13. Kurbjuweit, Otto O:. **Der T 02 der Südharzbahn - ein Mädchen für Alles für die 0m-Bahn** in *Der Mittelpuffer* Nr. 18, Bremen 1999
14. Knop, Thomas: **Auf Schmalspurgleisen durch den Harz**, Zeunert-Verlag, Gifhorn o.J.
15. Ahrens, D.: **Erfahrungen mit benzin- und diesel-elektrischen Triebwagen bei Privatbahnen** in *Verkehrstechnik* Nr. 30, Berlin 1932
16. Koeppen, Hans: **Die Lemp-Schaltung für benzin- und diesel-elektrische Fahrzeugantriebe** in *Verkehrstechnik* Nr.30, Berlin 1932
17. Löttgers, Dr. Rolf: **Die Selbstgestrickten - Eigenbau-Verbrennungstriebwagen für deutsche Klein- und Privatbahnen** in Jahrbuch für Eisenbahngeschichte (DGEG) Bd.24,Lübbecke 1992
18. Lieferverzeichnis W8V16/22 der Maschinenfabrik Augsburg-Nürnberg, historisches Archiv der MAN

Die Maßstabszeichnungen in diesem Buch lassen sich unschwer in andere gängige Modellbahn-Maßstäbe umkopieren. Dabei sind folgende Prozentzahlen am Kopierer einzustellen (Vergrößerungsfaktor)	Ausgangsmaßstab	Zielmaßstab	Vergrößerungsfaktor
	1:22,5	1:45	50 %
	1:22,5	1:87	25,5%
	1:45	1:22,5	200%
	1:45	1:43,5	103,6%
	1:45	1:87	51,8%
	1:87	1:22,5	386,1%
	1:87	1:45	193%
	1:87	1:43,5	200%

Danksagungen:

Als Herausgeber danke ich meinen beiden Mitautoren Winfried Dörner und Jürgen Steimecke für ihre Bereitschaft, ihr Archivmaterial und ihre Texte zur Verfügung zu stellen und Herbert Fackeldey für das akribische Lektorat. Aber natürlich beruht ein historisch-dokumentarisch ausgerichtetes Werk auf der Mithilfe von weit mehr Personen und Institutionen, als da sind: Meinhard Döpner, Karl-Günther Fischer, Hermann Grenzel, Detlef Haßelmann, Joachim Haßelmann, Hans-Jürgen Hentzschel, Volker Kesting, Harald O. Kindermann, Jürgen Klocke, Gerhard Knoke, Peter König, Henning Löther, Detlev Luckmann, Henning Pieker, Hans Röper†, Alfred Spühr, Jürgen Wedekind, Nadzeya Yatsenka, Gerhard Zieglgänsberger, Interessengemeinschaft Harzer Schmalspurbahnen, Heimatmuseum Braunlage, Historisches Archiv der MAN und - last, not least - mein Sohn Olaf Otto Kurbjuweit jr.; Ihnen allen - sowie Alois Tovar für das abschließende Korrekturlesen - danke ich ganz herzlich. *Otto O. Kurbjuweit*

Noch mehr Schmalspur gefällig?

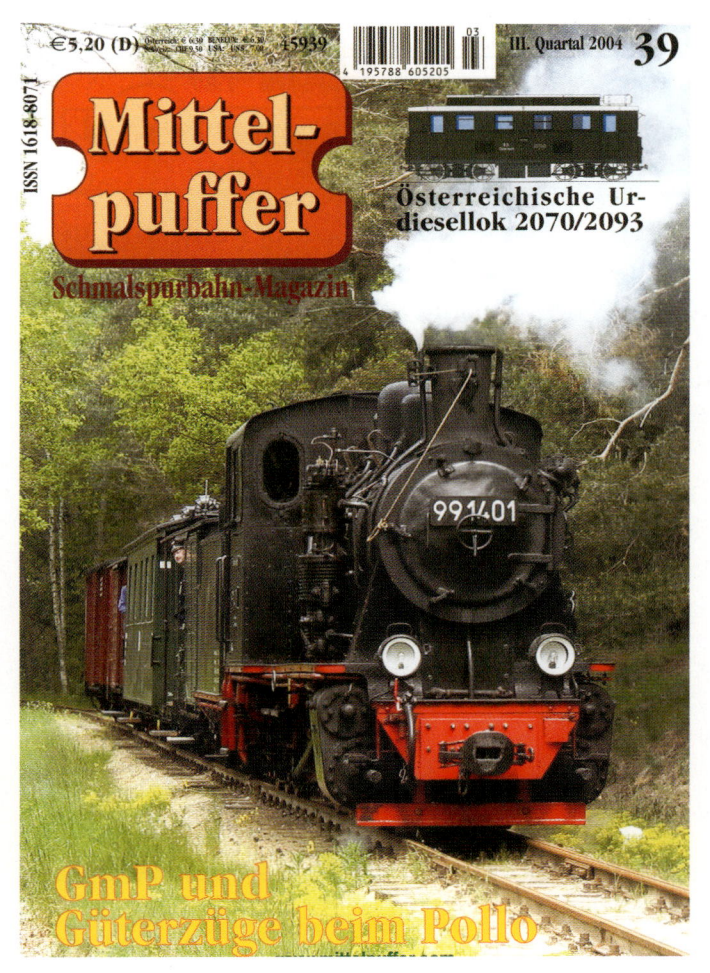

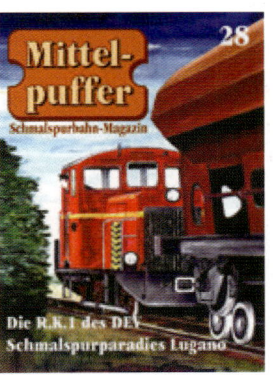

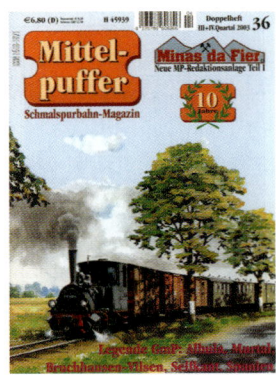

Dann sollten Sie diese wunderbare Zeitschrift kennenlernen!

Ein Vierteljahresmagazin mit nur einem Thema: **Schmalspur**, das aber richtig:
- packende Bildreportagen über die aktuelle Schmalspurscene
- fundierte historische Berichte über verschwundene Schmalspurbahnen
- detailgenaue Zeichnungen von Lokomotiven, Wagen, Hochbauten etc.
- im Modellbahnteil Bauanleitungen für Fahrzeuge und Hochbauten
- Berichte über Schmalspur-Heimanlagen in diversen Maßstäben
- Anleitungen zum Anlagenbau
- ausführliche Berichte von Schmalspur-Insidertreffen und Messen mit Schmalspurteil
- Rezensionen von Büchern und Neuheiten für den Schmalspurfreund
- Tipps, Gags und News

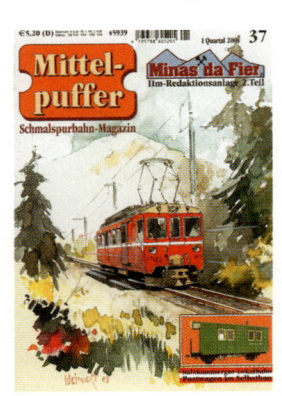

Mehr Informationen und Sonderangebote unter www.mittelpuffer.de

Kein Internet? Senden Sie einen 10€-Schein im Brief an FERROOK-ARIL Verlag Otto O. Kurbjuweit, Horster Str. 170, 59075 Hamm und Sie erhalten zwei aktuelle Probehefte frei Haus.

... denn Schmalspur ist ein breites Feld.

FERROOK-Aril

Internet: www.lgb.de • E-mail: mail@lgb.de

...LGB NEUHEITEN
DR-Dampflok 99 7222-5, mit und ohne Sound

Auf vielfachen Wunsch gibt es die 99 7222-5 nun als Modell für die Spurweite G (IIm). Die völlig neu konstruierte LGB-Lokomotive bringt die Harzer Schmalspurbahnen auch auf Ihre LGB-Anlage. Mit zwei zugstarken Bühler-Motoren verfügt das Modell über eine hohe Zugkraft und die Lok durchfährt auch den kleinsten LGB-Gleiskreis R1. Bei diesem Modell lassen sich die Türen, die Rauchkammertür, die Dachlüfter und sogar die Abdeckung des Kohletenders öffnen. Neben einem komplett nachgebildeten Führerstand sind die Führerhausbeleuchtung und der Lichtwechsel der drei Stirnlampen vorn und hinten weitere Highlights. Erstmals werden bei diesem LGB-Modell sogar Lampen für die Fahrwerksbeleuchtung realisiert. Ein Decoder onboard für das Mehrzugsystem gehört ebenfalls zur Ausstattung dieses fantastischen LGB-Modells.

Unter der **Artikel-Nr. 21811 (ohne Sound)** und **21812 (mit Sound)** ist die **DR-Dampflok 99 7222-5** bei Ihrem **LGB-eXtra-Partner** erhältlich.

→ Auslieferung voraussichtlich 49/50 KW

MEHR INFORMATIONEN IM LGB-JOURNAL 2004

Selbstverständlich können Sie sich auch über die LGB-Serviceline als LGB-eXtra-Kunde anmelden!
☎ +49 (0)911 83 707 837
Fax: +49 (0)911 83 707 70

NEU! Handmuster **eXtra PREMIUM**

Ernst Paul Lehmann Patentwerk
Saganer Straße 1-5
D-90475 Nürnberg • DEUTSCHLAND
Tel.: +49 (0)911 83707 0 • Fax: +49 (0)911 83707 70

LGB, LEHMANN und der LGB TOYTRAIN-Schriftzug sind eingetragene Warenzeichen von Ernst Paul Lehmann Patentwerk. Andere Warenzeichen sind ebenfalls geschützt. © 2004 Ernst Paul Lehmann Patentwerk

---

Gut Voigtländer — Ihr Feriendomizil im Harz

- 25 Doppelzimmer, 10 Feriensuiten für bis zu 6 Personen
- Harztypisches Restaurant mit regionaler Küche
- Saunalandschaft mit Finnischer Trockensauna, Biosauna, Infrarotsauna und Erlebnisduschen
- Außenterrasse, Fahrradverleih
- Arrangements für Bahnfreunde
- Führungen durch die Bahnwerkstatt Blankenburg (Harz)

Gut Voigtländer
Am Thie 2 - 38889 Blankenburg (Harz)
Telefon: 03944-3661-0 Fax: 03944-3661-100
Internet: www.gut-voigtlaender.de

INTERESSENGEMEINSCHAFT HARZER SCHMALSPURBAHNEN e.V.

Sonderzug mit von der IG-HSB erhaltenen Fahrzeugen. Foto: OOK.

Die Interessengemeinschaft Harzer Schmalspurbahnen - gegründet 1990 - versteht sich als Förderverein der Schmalspurbahnen im Harz. Wichtigstes Ziel der IG ist es, die Harzer Schmalspurbahnen GmbH (HSB) beim Erhalt des gesamten Schmalspurnetzes im Harz und des Dampfbetriebes zu unterstützen. Die IG beschäftigt sich auch mit dem Erhalt historischer Fahrzeuge und mit der Dokumentation der Geschichte der Schmalspurbahnen im Harz. Eine Vereinszeitung, die HARZBAHNPOST, berichtet über alles Wesentliche, was links und rechts der Gleise im Harz passiert. Wenn Sie unsere vielfältigen Aktivitäten zum Erhalt der Schmalspurbahnen im Harz unterstützen wollen, werden Sie Mitglied.

Interessengemeinschaft Harzer Schmalspurbahnen e.V.,
Dirk-Uwe Günther, Karl-Liebknecht-Straße 3, 38855 Wernigerode. www.ig-hsb.de email: vorstand@ig-hsb.de